Aditya Parate
Mrudula Nimbarte
Rashmi Jain

Informações sobre o sistema operativo com Linux

Aditya Parate
Mrudula Nimbarte
Rashmi Jain

Informações sobre o sistema operativo com Linux

A filosofia do Linux é 'Rir na cara do perigo'. Oops. Errado. 'Faça você mesmo'. Sim, é isso mesmo!

ScienciaScripts

Imprint

Any brand names and product names mentioned in this book are subject to trademark, brand or patent protection and are trademarks or registered trademarks of their respective holders. The use of brand names, product names, common names, trade names, product descriptions etc. even without a particular marking in this work is in no way to be construed to mean that such names may be regarded as unrestricted in respect of trademark and brand protection legislation and could thus be used by anyone.

Cover image: www.ingimage.com

This book is a translation from the original published under ISBN 978-620-6-77023-7.

Publisher:
Sciencia Scripts
is a trademark of
Dodo Books Indian Ocean Ltd. and OmniScriptum S.R.L publishing group

120 High Road, East Finchley, London, N2 9ED, United Kingdom
Str. Armeneasca 28/1, office 1, Chisinau MD-2012, Republic of Moldova, Europe
Printed at: see last page
ISBN: 978-620-7-66908-0

Conteúdo

## Capítulo 1

Introdução ao Linux

Antes de aprender Linux, devemos saber o que é o sistema operativo. Um sistema operativo ou SO é um programa que fornece um ambiente para executar outras aplicações. O SO interage com o hardware, o que significa que actua como mediador entre o hardware e a interface do utilizador. Com base na sua utilização, os SO podem ser classificados como SO de secretária e SO de servidor. Seguem-se algumas diferenças entre eles,

Sistema operativo de secretária	Sistema operativo do servidor
• Basicamente, utilizado em sistemas de secretária.	• Basicamente, utilizado em sistemas de servidores.
• Executa aplicações cliente como o Photoshop, Office, Jogos, etc. mais rapidamente.	• ligações ilimitadas de utilizadores
• Fácil acesso a serviços Web, como correio eletrónico, navegação e pesquisa.	• Utilização de grandes quantidades de memória
• serviços rich media	• pode funcionar como servidor Web, servidor de bases de dados, servidor de correio eletrónico e outras funções semelhantes a servidor.
• fácil de utilizar por utilizadores não especializados.	• optimizado para a rede, em vez da gestão alargada da execução de aplicações locais.
• pode trabalhar num domínio como membro (apenas na edição profissional - a edição doméstica não pode aderir a um domínio)	• tolerância alargada a falhas para evitar períodos de inatividade.
• Suporte rico em conetividade (LAN, sem fios, Bluetooth, etc.)	• pode conter um domínio.
• mais barato do que a versão para servidor	• dispendioso
• Ex. Windows 7, Linux Mint, Ubuntu Desktop, etc.	• Ex. Windows Server 2008, RHEL, Centos, Debian, etc.

História do Linux:

Evolução do computador

Antigamente, os computadores eram tão grandes como casas ou parques. Por isso, pode imaginar como era difícil utilizá-los. Além disso, cada computador tem um sistema operativo diferente, o que torna o seu funcionamento completamente difícil. Cada software foi concebido para um fim específico e não podia funcionar noutros computadores. Era extremamente dispendioso e as pessoas normais não o podiam pagar ou compreender.

Evolução do UNIX

Em 1969, uma equipa de programadores dos Bell Labs iniciou um projeto para criar software comum a todos os computadores e deu-lhe o nome de 'UNIX'. Era simples e elegante, utilizava a linguagem "C" em vez da linguagem de montagem e o seu código era reciclável. Como era reciclável, uma parte do seu código, agora vulgarmente designado por 'kernel', era utilizada para desenvolver o sistema operativo e outras funções e podia ser utilizada em diferentes sistemas. Além disso, o seu código-fonte era de código aberto.

Inicialmente, o UNIX só era encontrado em grandes organizações, como governos, universidades ou grandes empresas financeiras com mainframes e minicomputadores (PC é um microcomputador).

Expansão UNIX

Muitas organizações como a IBM, a HP e uma dúzia de outras empresas começaram a criar o seu próprio UNIX nos anos oitenta. Isso resultou em uma confusão de dialetos UNIX. Então, em 1983, Richard Stallman desenvolveu o projeto GNU para o tornar um sistema operativo semelhante ao UNIX disponível gratuitamente e para ser utilizado por todos. No entanto, o seu projeto não conseguiu ganhar popularidade. Surgiram muitos outros sistemas operativos do tipo UNIX, mas nenhum deles conseguiu ganhar popularidade.

Evolução do Linux

Em 1991, Linus Torvalds, um estudante da Universidade de Helsínquia, na Finlândia, pensou ter uma versão académica do UNIX disponível gratuitamente e começou a escrever o seu código. Mais tarde, este projeto tornou-se o kernel do Linux. Ele escreveu este programa especialmente para o seu PC, pois queria usar um computador UNIX 386 Intel, mas não tinha dinheiro para o comprar. Ele fez isso no MINIX usando o compilador GNU C. O compilador GNU C ainda é a principal escolha para compilar código Linux, mas outros compiladores como o compilador Intel C também são usados.

Começou apenas por diversão mas acabou por se tornar num projeto tão grande. Inicialmente, queria chamar-lhe 'Freax', mas depois passou a chamar-se 'Linux'.

Ele publicou o kernel do Linux sob a sua licença e foi restringido para uso comercial. Linux usa a maioria de suas ferramentas do software GNU e está sob copyright GNU. Em 1992, ele lançou o kernel sob a Licença Pública Geral GNU.

Linux Hoje

Atualmente, supercomputadores, smartphones, computadores de secretária, servidores Web, tablets, computadores portáteis e electrodomésticos como máquinas de lavar roupa, leitores de DVD, routers, modems, automóveis, frigoríficos, etc. utilizam o sistema operativo Linux.

Linux	UNIX
O código fonte do Linux está livremente disponível para os seus utilizadores.	O código fonte do UNIX não está disponível ao público.
O Linux utiliza principalmente uma interface gráfica de utilizador com uma interface de linha de comando opcional.	O UNIX utiliza principalmente uma interface de linha de comandos.
O sistema operativo Linux é portátil e pode ser executado em diferentes discos rígidos.	O UNIX não é portátil.
O Linux é muito flexível e pode ser instalado na maioria dos servidores domésticos.	O UNIX tem um requisito rígido de hardware. Por isso, não pode ser instalado em qualquer outra máquina.
As diferentes versões do Linux são Ubuntu, Debian, OpenSUSE, RedHat, Solaris, etc.	As diferentes versões do UNIX são AIS, HP-UX, BSD, Iris, etc.
A instalação do Linux é económica e não requer hardware muito específico e topo de gama.	A instalação UNIX é comparativamente mais dispendiosa, uma vez que requer circuitos de hardware mais específicos.
Os sistemas de ficheiros suportados pelo Linux são os seguintes: xfs, ramfs, nfs, vfat, cramfsm ext3, ext4, ext2, ext1, ufs, autofs, devpts, NTFS.	Os sistemas de ficheiros suportados pelo UNIX são os seguintes: zfs, js, hfx, gps, xfs, gps, xfs, vxfs.
O Linux é desenvolvido por uma comunidade Linux ativa em todo o mundo.	O UNIX é desenvolvido pela AT&T Developers

A arquitetura do Linux:

A arquitetura do Linux é constituída pelas camadas de hardware mais internas, o kernel, a shell e as camadas de aplicação externas, como mostra a Fig. 1.1. Cada camada tem diferentes funcionalidades e diferentes utilizações.

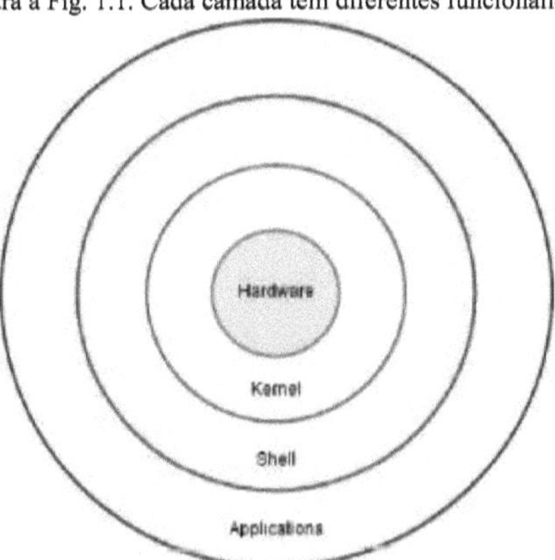

Fig 1.1 Arquitetura do sistema Linux

Camada de aplicação: - Os utilizadores interagem com o sistema através de várias aplicações, tais como escritório, jogos, etc. Estas aplicações são executadas na camada exterior da arquitetura.

Shell: - O Shell fornece um ambiente para executar qualquer aplicação. Fornece uma interface para o utilizador interagir com o hardware. Podemos dizer que converte linguagem de nível superior em linguagem de nível inferior.

Kernel: - Kernel é o programa que se comunica com o hardware. A combinação da shell e do kernel forma um Sistema Operativo.

Hardware: - Todos os componentes de hardware, como a placa-mãe, a CPU, o disco rígido, etc., estão incluídos nesta camada.

## Capítulo 2

Comandos básicos

Os comandos não são mais do que programas executáveis que executam tarefas específicas neles escritas. Estes programas executáveis podem ser chamados utilizando o seu nome de acordo com a sintaxe fornecida.

Sintaxe geral:

 # <comandos> -<opções> -<argumento> <múltiplos argumentos>

Comando: - Para executar o comando.

Opções: - Para ajustar o comportamento dos comandos.

Argumentos- O comportamento, nome da pasta do ficheiro.

COMANDOS BÁSICOS

#tty	Este comando apresenta o número do terminal do utilizador atual.
#Quem	Mostrar todos os utilizadores atualmente com sessão iniciada e os respectivos detalhes.
#quem sou eu	Mostrar os detalhes do utilizador atual.
#quemami	Apresenta o nome de utilizador atual.
#w	Mostrar todos os detalhes do utilizador atual com o seu horário.
#wh <tab> <tab>	Para ver comandos semelhantes ou o cmd de preenchimento automático.
#clear ou ctrl+l	Limpa o ecrã, mas não os dados de fundo.
#cal	Apresenta o mês atual do calendário.
#cal <ano>	Apresenta um calendário de um ano específico.
#cal <mês> <ano>	Apresenta o calendário de meses específicos num determinado ano
#cal -3	Apresenta o calendário do mês anterior, atual e seguinte do ano em curso.
#cal -j <ano>	Apresenta os dias de Juliano de um determinado ano.
#data	Mostra a data e a hora actuais.
#date -s "DD MM YYYY HH:MM: SS "	Define uma data e uma hora.
#reboot OU #init 6	Para reiniciar o sistema
#desligar OU #iniciar 0	Para desligar o sistema.
#desligamento	Desligou o sistema após 1 minuto.
#shutdown -h 10	Desliga o sistema após 10 minutos e transmite uma mensagem a todos os utilizadores.
#shutdown -c	Cancela o temporizador de encerramento e transmite uma mensagem a todos os utilizadores.
#shutdown agora OU shutdown -h	O sistema foi imediatamente desligado.
#logout OU exit OU ctrl + d	Terminar a sessão do utilizador atualmente com sessão iniciada.
#nome do anfitrião OU nome do anfitrião -s	Mostra o nome da máquina

PARA VER AS INFORMAÇÕES DO SISTEMA:-

#hostnamectl	Mostrar informações detalhadas sobre o sistema.
#uname -a	Apresenta o nome do kernel do sistema operativo.
#uname -r	Apresenta todas as informações relativas ao sistema,
#free -h	Apresenta informações sobre a RAM em formato legível por humanos
#lsusb	Apresenta uma lista de todos os dispositivos USB disponíveis.
#lspci	Lista todos os dispositivos PCI
#lscpu	Apresenta informações sobre o processador.
#dmidecode	Apresenta todas as informações sobre o hardware. (raiz)

OBTER AJUDA DOS COMANDOS

#man <comando>	Mostrar o manual do comando mencionado
#info <comando>	O mesmo que o comando do homem

#whatis <comando>	Apresenta uma descrição de uma linha da página do manual. (O comando #mandb deve ser utilizado para atualizar os manuais da base de dados).
#<comando> --help	Mostra uma breve descrição da página de manual. -help é uma opção; portanto, alguns comandos podem não suportar esta opção.
#que <comando>	Para saber o caminho do ficheiro de comando.

## Capítulo 3

Editores no Linux

Os editores são utilizados para criar novos ficheiros e editar ou modificar o conteúdo dos mesmos. Os editores são simplesmente utilizados para ler e escrever dados em ficheiros existentes ou recentemente criados. Os editores podem ser classificados com base nas interfaces que utilizam, ou seja, editores gráficos e editores de linha de comando.

Editor gráfico:

O editor gráfico utiliza uma interface gráfica de utilizador. É fácil de utilizar mas consome mais memória do que os editores de linha de comandos. No Linux, os seguintes são alguns editores gráficos bem conhecidos,

1.   gedit: - É o mesmo que o bloco de notas do Windows. Pode abrir o gedit graficamente no menu da aplicação e utilizar o comando **$gedit.**

2.   kedit: - É como o gedit mas contém algumas funcionalidades avançadas. Geralmente, temos de instalar o Kedit separadamente para o utilizar.

3.   Open Office: - O Open Office é o mesmo que o MS Office. Este Open Office foi especialmente desenvolvido para sistemas operativos baseados em Linux.

Editor de linha de comando:

O editor de linha de comandos utiliza a interface de linha de comandos. Estes editores são muito mais rápidos e consomem menos memória do que os editores gráficos. Seguem-se alguns editores de linha de comandos bem conhecidos,

1.   Nano: - O editor Nano é fácil de utilizar, uma vez que oferece funcionalidades simples para editar dados de ficheiros. Sintaxe-

nano <nome do ficheiro>.<extensão>

2.   pico: - Sintaxe-

pico <nome do ficheiro>

3.   vi e vim: - O vi (interface virtual) e o vim (interface virtual modificada) são os editores mais utilizados. Os editores vi e Vim são os mesmos, enquanto o vim é uma versão avançada do editor vi. Assim, contém algumas características adicionais. Estes editores funcionam em quatro modos diferentes: - Modo de inserção.

* Modo Ex.
* Modo de comando.
* Modo visual.

Sintaxe-

vim <filename>

Movimento do cursor,

J	para navegação ascendente
K	para navegação descendente
H	para navegação para a esquerda
L	para navegação para a direita

Modo de comando, este é o modo predefinido. Prima ESC para sair de qualquer modo e entrar no modo de comando.

dd	Eliminar a linha atual
<n>dd	Eliminar o n.º de linhas da linha atual
dw	Apagar a palavra atual
<n>dw	Eliminar o n.º de palavras da palavra atual
yy	Copiar a linha atual
<n>yy	Copiar o n.º de linhas da linha atual
yw	Copiar a palavra atual
<n>yw	Copiar o n.º de palavras da palavra atual
cc	Cortar a linha atual e entrar no modo de inserção
<n>cc	Cortar um número n de linhas e entrar no modo de inserção
cw	Cortar a palavra atual e entrar no modo de inserção
<n>cw	Cortar um número n de palavras da palavra atual e entrar no modo de inserção

p	Colar
s	Remover o carácter atual e entrar no modo de inserção
S	Remover a linha atual e entrar no modo de inserção
u	Anular
Ctrl+r	Refazer
H	Mover o cursor para a parte superior do ecrã
M	Mover o cursor para o meio do ecrã
L	Mover o cursor para a parte inferior do ecrã
G	Mover o cursor para o fim do ficheiro
gg	Mover o cursor para o início
<n>gg	Deslocar o cursor para a linha n [th]
/<palavra>	Procurar palavra/corda/carácter
n	Mostrar o próximo resultado da pesquisa
N	Mostrar resultado de pesquisa anterior

Modo de inserção, Os seguintes comandos permitem aceder ao modo de inserção.

i	inserir texto na posição atual do cursor
I	inserir texto no início da linha atual
a	inserir texto mesmo à direita do carácter atual
A	inserir texto no final da linha atual
o	inserir uma nova linha abaixo da linha atual
O	inserir uma nova linha acima da linha atual
r	substitui o carácter único
R	substituir vários caracteres

Modo Ex, modo de execução especial,

:q	sair sem guardar
:q!	sair sem guardar à força
:w	guardar e permanecer no ficheiro
:wq ou :x	guardar e sair
:wq!	guardar e sair à força
: set nu	definir números de linha
:<n>	Saltar para a linha n [th]
: set nonu	remover números de linha
:/<palavra>	Destacar palavra/corda/carácter
:nohl	Remover destaque
: % s/<old>/<new>/g	Encontrar e substituir palavras antigas por palavras novas
:!<comando>	Executar qualquer comando no terminal sem sair do editor

Modo visual, este modo é utilizado para a seleção.

v	Selecionar carácter por carácter
V	Selecionar linha a linha
ctrl+v	Selecionar bloco
y,d,c	Para copiar, apagar e cortar a área selecionada

## Capítulo 4

Trabalhar com ficheiros de texto

Criação de ficheiros:

#touch - O comando touch é utilizado para criar ficheiros. Utilizando o comando touch, podem ser criados vários ficheiros.

Sintaxe: *#touch <nome do ficheiro>*

Exemplo:

Criar um ficheiro no diretório atual

[root@server0 /]# touch file1 .txt

Criar um ficheiro no diretório pretendido

[root@server0 /]# touch /root/file1 .txt

Criar vários ficheiros em locais diferentes (o exemplo abaixo criará dois ficheiros, um em /root/Desktop e 2nd no diretório /etc. Pode adicionar mais nomes de ficheiros juntamente com o seu caminho e separá-los por espaço).

[root@server0 /]# toque em /root/Desktop/file1.txt /etc/data.mp3

Criar vários ficheiros no mesmo local, mas com nomes de ficheiros diferentes (o exemplo abaixo criará 3 ficheiros. Pode adicionar mais nomes de ficheiros e separá-los por vírgula)

[root@server0 /]# touch /root/ {data.txt,file.txt,demo.mp3}

Criar vários ficheiros com números contínuos nos seus nomes (o exemplo abaixo criará uma centena de ficheiros com nomes que começam em ficheiro1 e vão até ficheiro100).

[root@server0 /]# touch /root/file{1..100}.txt

#mkdir - o comando mkdir cria diretórios. Criar múltiplos diretórios também é possível usando o comando mkdir.

Sintaxe: *#mkdir <opção> <caminho/nome_do_diretório>*

Exemplo,

Criar um diretório no diretório /

[root@server0 /]# mkdir /dir1

Criar vários directórios

[root@server0 /]# mkdir /dir1 /root/Desktop/dir2 /etc/demo[root@server0 /]# mkdir /root/{demo,data,practice} [root@server0 /]# mkdir /practical{1..10}

Criar um diretório principal se este não existir.

[root@server0 /]# mkdir -p /demo/data/practice

Operações de ficheiros:

READ: - A operação de leitura pode ser executada para visualizar o conteúdo do ficheiro. Existem cinco comandos que podemos utilizar para as operações de leitura,

- **cat** - o comando cat é utilizado para obter os dados do ficheiro como saída no terminal. A leitura de ficheiros grandes obriga a navegar no terminal, o que requer um dispositivo de deslocação separado (rato). Assim, o comando cat é muito útil para ler ficheiros mais pequenos com poucas linhas de dados na linha de comando. Exemplo,

[root@server0 /]# cat /root/anaconda-ks.cfg

- **more** - o comando more permite a navegação linha a linha e página a página na direção descendente, mas a deslocação para cima é impossível.

Exemplo,

[root@server0 /]# more /root/anaconda-ks.cfg

- **less** - o comando less permite que as teclas de navegação se desloquem para cima e para baixo. Assim, é um comando mais útil do que quaisquer outros quatro comandos.

Exemplo,

[root@server0 /]# less /root/anaconda-ks.cfg

- **head** - o comando head mostra algumas linhas do topo do ficheiro. Se o comando head for usado sem qualquer opção, ele mostrará as dez primeiras linhas por padrão. *-n* é usado para dar uma contagem de linhas a serem mostradas. Exemplo,

[root@server0 /]# head /root/anaconda-ks.cfg [root@server0 /]# head -n 5 /root/anaconda-ks.cfg

- **tail** - o comando tail mostra algumas linhas do fundo do ficheiro. Se um comando tail for usado sem qualquer opção, ele mostrará as dez linhas inferiores por padrão. *-n* é usado para dar o número de linhas a serem mostradas.Exemplos,

[root@server0 /]# tail /root/anaconda-ks.cfg [root@server0 /]# tail -n 4 /root/anaconda-ks.cfg

ORDENAR: - O comando Sort (Ordenar) apresenta os resultados por ordem ascendente ou descendente. Sem a opção, os dados serão apresentados por ordem ascendente.

Opções,

-rpara   mostrar a saída na ordem inversa

          -k <n>para   mostrar a saída de arranged por ordenação n^{th} coluna.

Exemplo,

[root@server0 /]# sort file1 .txt [root@server0 /]# sort - r file1.txt

COPY: - Operação de cópia usada para copiar arquivos e diretórios no Linux, de um local para outro. Copiará o conteúdo de um ficheiro para outro. Se o arquivo de destino não existir em um determinado local, então automaticamente um novo arquivo será gerado.

Sintaxe,

#cp <opção> <fonte> <destino>

Opções,

-    f: com força
-    v: Verbose/View
-    r: recursivo (para copiar diretório)
-    a: permissões do preservador ao copiar

Exemplo,

Copiar o conteúdo de um ficheiro para outro ficheiro,

[root@server0 /]# cp /root/anaconda-ks.cfg ~/Desktop/kickstart.txt

Copiar ficheiro de uma localização para outra,

[root@server0 /]# cp /root/anaconda-ks.cfg /mnt/	□ copiar um único ficheiro

Copiar diretório e vários ficheiros

[root@server0 /]# cp -r /etc /root	□ copiar diretório, etc [root@server0
/]# cp -r /root/* /media	□ copiar todos os ficheiros da raiz
[root@server0 /]# cp -rv /abc.txt /xyz.mp3 /media	□ copiar vários ficheiros

MOVER E RENOMEAR: - Mover e renomear ambas as operações podem ser executadas usando o comando 'mv'. Move ficheiros e directórios de um local para outro. É possível mover e renomear ao mesmo tempo.

Sintaxe,

mv <opção> <fonte> <destino>

Exemplo,

Mover ficheiros/directórios de uma localização para outra.

[root@server0 /]# mv /root/anaconda-ks.cfg /mnt/	1 Imove individual ficheiro
[root@server0 /]# mv /media ~/Desktop/	1 Diretório Imove.
[root@server0 /]# mv /root/* /mnt/	1 Imove todos os ficheiros

Mudar o nome do ficheiro ou diretório.

[root@server0 /]# mv flower flower.txt	□ renomear ficheiro
[root@server0 /]# mv /root/anaconda-ks.cfg /root/kickstart.cfg	□ renomear diretório
[root@server0 /]# mv /opt /demo	

Mover e mudar o nome em conjunto,

[root@server0 /]# mv /root/anaconda-ks.cfg ~/Desktop/kickstart.txt

REMOVE: - O comando 'rmdir' é utilizado para remover o diretório vazio enquanto que o comando 'rm' é utilizado para remover ficheiros. Os diretórios também podem ser removidos usando o comando 'rm'. (Nota: Remover ficheiros usando o comando rm ou rmdir irá apagar os ficheiros permanentemente e não serão movidos para a reciclagem ou qualquer outro lugar).

rmdir - O comando rmdir apenas elimina directórios vazios.

Sintaxe,

#rmdir <nome_do_dir_vazio>

Exemplos,

Estou a tentar remover o diretório não vazio utilizando rmdir. Dá um erro.

[root@server0 ~]# rmdir /Demo

rmdir: não foi possível remover '/Demo': O diretório não está vazio

Remoção de diretório vazio utilizando rmdir,

[root@server0 ~]# rmdir /Demo/data

rm - O comando rm é utilizado para eliminar ficheiros e directórios.

Sintaxe,

#rm <opção> <nomes_de_ficheiro>

Exemplos,

Remoção de ficheiros,

[root@server0 ~]# rm /Demo/arquivo10.txt

rm: remover o ficheiro regular '/Demo/file10.txt'? y

Remover ficheiros sem interação, (**-f**: forçosamente, **-v**: verbosamente)

[root@server0 ~]# rm -vf /Demo/file1.txt removido

'/Demo/file1.txt'

Remover todos os ficheiros,

[root@server0 ~]# rm -f /Demo/*

Remover directórios, (**-r**: recursivo)

[root@server0 ~]# rm -r /Demo

Redireccionadores:

Os redireccionadores são utilizados para escrever a saída do terminal em ficheiros. A saída, gerada a partir de qualquer comando, no terminal pode ser transferida para um ficheiro existente. Se o ficheiro não existir, será automaticamente criado um novo ficheiro. Seguem-se alguns redireccionadores,

Redireccionador único (>): Um redireccionador simples substitui os dados existentes no ficheiro por dados recentemente redireccionados. Substitui o conteúdo de um ficheiro existente.

Redireccionador duplo (>>): O redireccionador duplo mantém os dados existentes e os dados recentemente redireccionados serão adicionados no final do ficheiro. Anexa os dados redireccionados a um ficheiro existente.

Sintaxe,

<command_to_generate_output> [> ou >>] <new/existing_file>

Exemplo,

[root@server0 ~]# echo "Olá Mundo" > ~/abc.txt[root@server0

~]# cat ~/abc.txt

Olá mundo

[root@server0 ~]# echo "Eu sou Shubham" >> ~/abc.txt[root@server0 ~]# cat ~/abc.txt

Olá Mundo I

sou Shubham

Redireccionadores com o comando cat:-

Exemplo,

Mostrar o conteúdo dos ficheiros existentes,

[root@server0 ~]# cat /root/anaconda-ks.cfg

Por favor, crie um novo ficheiro e escreva nele.

<table><tr><td>[root@server0 ~]# cat > /root/Desktop/flower.txt
Lótus, rosa, tulipa, lírio.   -□ Prima [ctrl+d] para guardar o ficheiro [root@server0
~]# cat /root/Desktop/flower.txt Lótus, rosa, tulipa, lírio.</td></tr></table>

Substituir o conteúdo dos ficheiros existentes.

<table><tr><td>[root@server0 ~]# cat > /root/Desktop/flower.txtOlá Mundo!
[root@server0 ~]# cat /root/Desktop/flower.txt
Olá mundo!</td></tr></table>

Adicionar conteúdo a um ficheiro existente, (Anexar)

[root@server0 ~]# cat >> /root/Desktop/flower.txtl sou Shubham.

[root@server0 ~]# cat /root/Desktop/flower.txtOlá Mundo!

Eu sou o Shubham

Ver o conteúdo dos ficheiros,

```
[root@server0 ~]# cat /etc/redhat-release     → display OS name and Version
[root@server0 ~]# cat /proc/meminfo           → display ram information
[root@server0 ~]# cat /proc/cpuinfo           → display processor information
```

```
[root@server0 ~]# cat /etc/redhat-release > /osname.txt
```

Copiar o conteúdo de um ficheiro para outro ficheiro Anexar o conteúdo de um ficheiro a outro ficheiro,

[root@server0 ~]# cat /proc/meminfo >> /osname.txt

Fusão de conteúdos de ficheiros,

[root@server0 ~]# cat /flower.txt /number.txt /alpha.txt > /newfile.txt

Executar vários comandos-

Ponto e vírgula (;) - Executa dois ou mais comandos no mesmo argumento da linha de comando.

Exemplo,

[root@server0 ~]# touch /abc.txt ; mkdir /mydir ; cp -r /mnt /media

Pipe (|) - Faz corresponder a saída do primeiro comando ao segundo comando e executa-o. Exemplo,

```
                               menos
[root@server0 ~]# dmidecode
[root@server0 ~]# ls / | wc
```

Capítulo 5

Hierarquia do sistema de gestão de ficheiros Linux

No Linux, os ficheiros são bem geridos através de um sistema de gestão de ficheiros. O sistema de gestão de ficheiros do Linux gere os ficheiros numa estrutura hierárquica em que "/" (barra) é o diretório principal ou diretório raiz (nó raiz na hierarquia). Todas as outras directorias estão abaixo da diretoria "/".

No RHEL 7.0, há dezenove diretórios padrão criados pelo próprio sistema. Esses dezenove diretórios estão presentes logo abaixo do diretório "/". Abaixo está a lista de todos os 19 diretórios, e seus usos,

Diretório	Descrição
/root	O diretório inicial do utilizador raiz. Neste diretório, o utilizador root pode guardar os seus ficheiros.
/home	Armazena as directorias pessoais dos utilizadores locais. As directorias pessoais são atribuídas a cada utilizador separadamente e nenhum outro utilizador pode aceder às directorias pessoais de outros utilizadores (exceto o utilizador root).
/etc	Armazena todos os ficheiros de configuração do sistema e dos serviços.
/var	Armazena dados variáveis, como mensagens de correio eletrónico, registos, mensagens, etc.
/mnt	Diretório padrão para montar temporariamente o dispositivo de armazenamento. No mnt, os ficheiros temporários estão disponíveis até 30 dias.
/media	Todos os dispositivos amovíveis.
/executar	Dispositivos de funcionamento atual
/lib	Informação sobre os ficheiros da biblioteca. Este diretório é um soft link para o diretório /usr/lib.
/lib64	O mesmo que o do diretório lib e armazena informações sobre ficheiros de biblioteca de arquitetura 64. É o link de /usr/lib64.
/bin	Armazena ficheiros binários executáveis. Estes ficheiros executáveis binários não são mais do que comandos. É uma ligação para o diretório /usr/bin. (este diretório contém comandos que podem ser utilizados pelos utilizadores locais)
/sbin	Armazena ficheiros binários executáveis do sistema. É o mesmo que o diretório bin, exceto que apenas o super utilizador tem permissão para executar comandos a partir do sbin. É também uma ligação para o diretório /usr/sbin. (Este diretório contém comandos que apenas o utilizador root pode utilizar).
/usr	Ficheiros relacionados com o utilizador. Tais como ficheiros documentais, páginas de manual, etc. Este diretório contém também os directórios lib, lib64, bin e sbin, cujas ligações estão disponíveis no diretório principal, ou seja, no diretório "/".
/opt	Este diretório é utilizado para serviços adicionais opcionais. Por vezes, a seleção do caminho para as variáveis de ambiente também é feita a partir desta diretoria.
/tmp	Armazena ficheiros temporários. Armazena dados temporários durante 10 dias.
/srv	Informações ou dados de serviço.
/sys	Informações sobre o sistema.
/proc	Informações sobre os processos. Este diretório também armazena informações relacionadas com a RAM e a CPU.
/boot	Armazena o programa do carregador de arranque e todos os outros ficheiros relacionados com o arranque.
/dev	O diretório /dev armazena informações sobre os dispositivos e os seus ficheiros de bloco.

## Capítulo 6

Gestão de utilizadores e grupos

Um utilizador é uma pessoa que utiliza um computador ou um serviço de rede. Diz-se que o Linux é seguro porque um utilizador não pode aceder aos ficheiros de outro utilizador sem a sua permissão. Existem três tipos de utilizadores,

1.   Super utilizadores: Os superutilizadores são os utilizadores que têm todos os privilégios do sistema Linux. Em todos os sistemasLinux, por defeito, existe o utilizador root, também conhecido como o super utilizador. Essa conta é usada para gerenciar o Linux. O root, por exemplo, pode criar outras contas de utilizador no sistema. Para algumas tarefas, são necessários privilégios de root. Alguns exemplos são a instalação de software, a gestão de utilizadores e a criação de partições em dispositivos de disco.

2.   Utilizador do sistema: As contas de sistema são utilizadas pelos serviços no sistema Linux. Estas contas ou utilizadores são geralmente criados quando os serviços são instalados no sistema.

3.   Utilizador padrão: as contas de utilizador local ou contas de utilizador padrão destinam-se às pessoas que precisam de trabalhar num sistema e que necessitam de acesso limitado aos recursos desse sistema. Estas contas de utilizador têm normalmente uma palavra-passe que é utilizada para autenticar o utilizador no sistema.

Adicionar novo utilizador,

[root@ip-172-31-19-5 ~]# useradd Shubham

Adicionar um novo utilizador local significa criar uma conta de utilizador. Os utilizadores podem ser adicionados pelo utilizador root ou utilizando os privilégios do utilizador root. Sempre que um novo utilizador é adicionado, alguns ficheiros são afectados. Estes ficheiros contêm informações relacionadas com a conta de utilizador. Além disso, sempre que um novo utilizador é criado, por predefinição, são gerados o seu diretório pessoal e a sua conta de correio eletrónico. Os novos utilizadores são criados utilizando alguns ficheiros esqueleto localizados em

o diretório/etc/skel. Estes ficheiros são escondidos e copiados para o diretório home do novo utilizador.

Ficheiros afectados por utilizadores recentemente adicionados,

/etc/passwd: Armazena informações relacionadas com o perfil do utilizador,

[root@ip-172-31-19-5 ~]# tail -1 /etc/passwdshubham:x:1002:1002::/home/shubham/:/bin/bash

/etc/shadow: Armazena as políticas de senha do usuário,

[root@ip-172-31-19-5 ~]# tail -1 /etc/shadow shubham:!! :18206:0:99999:7:::

/etc/group: Armazena informações sobre grupos,

[root@ip-172-31-19-5 ~]# tail -1 /etc/group

shubham:x: 1002:

/etc/gshadow: Armazena a palavra-passe do grupo e a lista de membros,

[root@ip-172-31-19-5 ~]# tail -1 /etc/gshadowshubham:!::

Diretório pessoal e conta de correio eletrónico do novo utilizador,

[root@ip-172-31-19-5 centos shubham	~]# ls /home	Directórios domésticos
[root@ip-172-31-19-5 centos rpc shubham	~]# ls /var/spool/mail/	Contas de correio

Ficheiros de esqueleto,

.bash logout: se este ficheiro estiver em falta, o utilizador não conseguirá terminar a sessão no sistema.

.bash profile: Se este ficheiro estiver em falta, o diretório home não será atribuído ao novo utilizador.

.bashrc: Se este ficheiro estiver em falta, o utilizador não conseguirá iniciar sessão no sistema.

[root@ip-172-31-19-5 ~]# ls -a /etc/skel	Ficheiros de esqueleto
. .... .bash_logout .bash_profile .bashrc	
[root@ip-172-31-19-5 ~]# ls -a /home/ shubham	☐ esqueleto que copiou em
. .... .bash_logout .bash_profile .bashrc	diretório pessoal

Comutação entre utilizadores,

su: O comando 'su' é utilizado para mudar de utilizador. Ele permite que o usuário abra um subshell com diferentes usuários logados. Mudar um utilizador de root para outro utilizador local não requer qualquer palavra-passe. No entanto, a mudança de um utilizador local para qualquer outro utilizador requer a palavra-passe desse utilizador para autenticação e início de sessão.

Sintaxe, # *su - <nome_do_utilizador>*

Exemplo,

Mudar de utilizador raiz para utilizador local (shubham)

[root@ip-172-31-19-5 centos]# su - shubham

Último acesso: Quarta Nov 6 11:53:05 UTC 2019 em pts/0

[shubham@ip-172-31-19-5 ~]$

Mudar de um utilizador local (shubham) para qualquer outro utilizador (centos)

[shubham@ip-172-31-19-5 ~]$ su - centosPassword:
Último login: Wed Nov 6 11:52:19 UTC 2019 from 49.36.29.134 on pts/0[centos@ip-172-31- 19-5 ~]$

(Nota: Mudar de utilizador usando o comando 'su' abrirá um novo subshell com um login de utilizador diferente. Mas o utilizador anterior permanece com sessão iniciada. É necessário fazer o login manualmente).

Gestão de palavras-passe,

passwd: A palavra-passe é a frase secreta que pode ser utilizada para iniciar sessão no sistema. O comando 'passwd' será usado para atribuir ou alterar a senha de qualquer usuário pelo usuário root. Sempre que uma senha é atribuída ao usuário, ela será armazenada no arquivo /etc/shadow em um formato criptografado. Apenas os utilizadores root podem alterar a palavra-passe de qualquer utilizador, mas os utilizadores locais podem alterar a sua palavra-passe. A palavra-passe deve seguir algumas regras, tais como,

- A palavra-passe deve ter 8 caracteres.
- Não deve conter o nome de utilizador.
- Não pode aceitar palavras-passe antigas.
- Não é permitido qualquer nome de dicionário.
- A palavra-passe não deve ser demasiado simplista.

Sintaxe, *#passwd*   □   alterar a palavra-passe do utilizador atual.

#passwd <nome_do_utilizador>   □   atribuir ou alterar a palavra-passe de outro utilizador pelo root utilizador. Exemplo,

Alterar a palavra-passe do utilizador root,

[root@ip-172-31-19-5 ~]# passwd

Alterar a palavra-passe do utilizador root.New

palavra-passe:

BAD PASSWORD: A palavra-passe tem menos de 8 caracteresDigite uma nova palavra-passe:

passwd: todos os tokens de autenticação actualizados com êxito.

Alterar a palavra-passe do utilizador local através da conta do utilizador root,

[root@ip-172-31-19-5 centos]# passwd shubhamMudando

palavra-passe para o utilizador shubham.

Nova palavra-passe:

BAD PASSWORD: A palavra-passe tem menos de 8 caracteresDigite uma nova palavra-passe:

passwd: todos os tokens de autenticação actualizados com êxito.

Alterar a palavra-passe do utilizador atual (o utilizador local altera a sua palavra-passe)

[shubham@ip-172-31-19-5 ~]$ passwd

Alterar a palavra-passe do utilizador shubham.Changing

palavra-passe para shubham. (atual) UNIX

palavra-passe:

Nova palavra-passe:

Digite novamente a nova palavra-passe:

passwd: todos os tokens de autenticação actualizados com êxito.

Alterar a palavra-passe de outro utilizador através de uma conta de utilizador local (gera um erro porque apenas o utilizador root tem o privilégio de alterar a palavra-passe de outro utilizador)

[shubham@ip-172-31-19-5 ~]$ passwd centos passwd:

Apenas o root pode especificar um nome de utilizador.

A palavra-passe é armazenada no ficheiro /etc/shadow em formato encriptado,

[root@ip-172-31-19-5 ~]# tail -1 /etc/shadow
shubham:6S59rUkc4$iIusUTs6TPb2ueLMty3/2kvShejrTVctesfLYyUwTa78kDQQ/O/f954Euy
omO6nBwwPyqPt4hAij5OxiQIQ5.:18206:0:99999:7:::

Ficheiro /etc/shadow: O ficheiro /etc/shadow armazena a palavra-passe e as políticas de palavra-passe de todos os utilizadores. Ele contém nove campos, e cada campo é separado por dois pontos. Abaixo está o resumo desses campos,

```
[root@ip-172-31-19-5 ~]# tail -1 /etc/shadow
shubham:$6$S59rUkc4$iIusUTs6TPb2ueLMty3/2kvShejrTVctesfLYyUwTa78kDQQ/O/f954Euy
omO6nBwwPyqPt4hAij5OxiQIQ5.:18206:0:99999:7:::
```

®:·®:·®:·®:·®:·®:·®:·®:·®

1.   **Nome de utilizador:** Este é um nome único para o utilizador. Os nomes de utilizador são importantes para fazer corresponder um utilizador à sua palavra-passe. No Linux, não pode haver espaços no nome de utilizador.

2.   **Palavra-passe encriptada:** Este campo contém tudo o que é necessário para guardar a palavra-passe de forma segura.

3.   **Dias desde 1 de janeiro de 1970, quando a palavra-passe foi alterada pela última vez:** Muitas coisas no Linux referem-se a esta data, que no Linux é considerada o início dos dias.

4.   **Dias antes de a palavra-passe poder ser alterada:** Esta é a idade mínima da palavra-passe. Isto significa que o utilizador não pode alterar a palavra-passe, antes dos dias mencionados, depois de alterar imediatamente a palavra-passe. Normalmente, este campo é definido com o valor 0.

5.   **Dias após os quais a palavra-passe deve ser alterada:** Este campo contém o período máximo de validade das palavras-passe ou a idade máxima das palavras-passe. O utilizador tem de alterar a sua palavra-passe após os dias mencionados. Por predefinição, está definido para 99999 dias.

6.   **Dias antes de a palavra-passe expirar, o utilizador é avisado:** Este campo é utilizado para avisar um utilizador quando se aproxima uma alteração forçada da palavra-passe. Por predefinição, está definido para 7 dias.

7.   **Dias após a expiração da palavra-passe, a conta é desactivada:** Utilize este campo para impor uma alteração da palavra-passe. Após a expiração da palavra-passe, os utilizadores já não podem iniciar sessão.

8.   **Dias desde 1 de janeiro de 1970, essa conta está desactivada:** Um administrador pode definir este campo para desativar uma conta. Esta é normalmente uma abordagem melhor do que a remoção de uma conta, uma vez que todas as propriedades e ficheiros associados à conta serão mantidos, mas esta já não pode ser utilizada para autenticação no seu servidor.

9.   **Para utilização futura:** Este é um campo reservado para utilização futura.

Ver e alterar a política de palavras-passe,

#chage - comando 'chage' (alterar idade) utilizado para ver ou modificar a política de palavras-passe do utilizador. Sintaxe,

 # chage <opção> <parâmetro> <nome de utilizador>

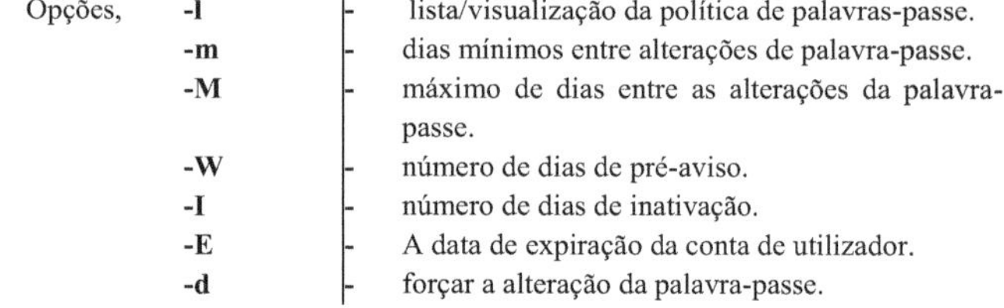

Opções,	-l	-	lista/visualização da política de palavras-passe.
	-m	-	dias mínimos entre alterações de palavra-passe.
	-M	-	máximo de dias entre as alterações da palavra-passe.
	-W	-	número de dias de pré-aviso.
	-I	-	número de dias de inativação.
	-E	-	A data de expiração da conta de utilizador.
	-d	-	forçar a alteração da palavra-passe.

Exemplo,
Ver políticas de palavra-passe,

```
[root@ip-172-31-37-64 ]# chage -l amit
Última alteração da palavra-passe: 25 de maio de 2019
A palavra-passe expira: nunca.
Palavra-passe inativa: nunca
A conta expira: nunca.
Número mínimo de dias entre alterações da palavra-passe : 0
Número máximo de dias entre alterações da palavra-passe: 99999
Número de dias de aviso antes da expiração da palavra-passe: 7
```

Alterar a idade mínima,

```
[root@ip-172-31-37-64 ]# chage -m 30 amit[amit@ip-
172-31-37-64 ~]$ chage -l amit
Última alteração da palavra-passe: 25 de maio de 2019
A palavra-passe expira: nunca.
```

Palavra-passe inativa: nunca
A conta expira: nunca.
Número mínimo de dias entre a alteração da palavra-passe: 30
Número máximo de dias entre alterações da palavra-passe: 99999
Número de dias de aviso antes da expiração da palavra-passe: 7

Alterar a idade máxima,

[root@ip-172-31-37-64]# chage -M 45 amit[amit@ip-
172-31-37-64 ~]$ chage -l amit
Última alteração da palavra-passe: 25 de maio de 2019
A palavra-passe expira: 09 de julho de 2019
Palavra-passe inativa: nunca
A conta expira: nunca.
Número mínimo de dias entre a alteração da palavra-passe: 30
Número máximo de dias entre a alteração da palavra-passe: 45
Número de dias de aviso antes da expiração da palavra-passe: 7

Alterar os dias de aviso,

[root@ip-172-31-37-64]# chage -W 0 amit[amit@ip-
172-31-37-64 ~]$ chage -l amit
Última alteração da palavra-passe: 25 de maio de 2019
A palavra-passe expira: 09 de julho de 2019
Palavra-passe inativa: nunca.
A conta expira: nunca.
Número mínimo de dias entre a alteração da palavra-passe: 30
Número máximo de dias entre mudanças de palavra-passe: 45
Número de dias de aviso antes da expiração da palavra-passe: 0

Alterar a data de expiração da conta de utilizador.

[root@ip-172-31-37-64]# chage -E "20 OCT 2018" amit[root@ip-
172-31-37-64]# su - amit

[amit@ip-172-31-37-64 ~]$ chage -l amit

Última alteração da palavra-passe: 25 de maio de 2019

A palavra-passe expira: 09 de julho de 2019

Palavra-passe inativa: nunca

A conta expira: 20 de outubro de 2018

Número mínimo de dias entre mudanças de palavra-passe: 30 Número máximo de dias entre mudanças de palavra-passe: 45 Número de dias de aviso antes da expiração da palavra-passe : 0

Alterar imediatamente a palavra-passe,

[root@ip-172-31-37-64 amit]# chage -d 0 amit[amit@ip-
172-31-37-64 ~]$ chage -l amit

Última alteração da palavra-passe: a palavra-passe deve ser alterada

A palavra-passe expira: A palavra-passe tem de ser alterada

Palavra-passe inativa: A palavra-passe tem de ser alterada

A conta expira: 20 de outubro de 2018

Número mínimo de dias entre mudanças de palavra-passe: 30 Número máximo de dias entre mudanças de palavra-passe: 45 Número de dias de aviso antes da expiração da palavra-passe : 0

Administração/Gestão de grupos

Os utilizadores de Linux podem ser membros de dois tipos diferentes de grupos. Primeiro, existe o grupo primário. Cada utilizador tem de ser membro de um grupo primário e só existe um grupo primário. Ao criar ficheiros, o grupo primário torna-se o proprietário do grupo desses ficheiros.

Os utilizadores podem também aceder a todos os ficheiros a que o seu grupo primário tem acesso. A associação ao grupo primário do utilizador é definida em /etc/passwd; o próprio grupo é armazenado no ficheiro de configuração /etc/group. Para além do grupo primário obrigatório, os utilizadores também podem ser membros de um ou mais grupos secundários. Os grupos secundários são importantes para obter acesso aos ficheiros. Se o grupo de que um utilizador é membro tiver acesso a ficheiros específicos, o utilizador também terá acesso a esses ficheiros.

#groupadd - O comando 'groupadd' é usado para adicionar um grupo secundário ou suplementar no sistema. A informação do grupo é armazenada no ficheiro /etc/group.

Sintaxe,

 # groupadd <nome do grupo>

Exemplo,

[root@ip-172-31-37-64 ~]# groupaddIBM

[root@ip-172-31-37-64 ~]# tail -1 /etc/groupIBM:x:1005:

Ficheiro /etc/group: Este ficheiro contém toda a informação do grupo. O ficheiro tem quatro campos, e cada campo é separado por dois pontos (:). Seguem-se os campos do ficheiro sombra,

®:@:@:@

1. **Nome do grupo:** Tal como sugerido pelo nome do campo, contém o nome do grupo.

2. **Palavra-passe de grupo redireccionada:** Uma funcionalidade que já quase não é utilizada. Uma palavra-passe de grupo pode ser utilizada por utilizadores que pretendam juntar-se ao grupo temporariamente, de modo a permitir o acesso aos ficheiros a que o grupo tem acesso.

3. **ID do grupo (GID):** Um número numérico único de identificação de grupo.

4. **Lista de membros:** Aqui encontra os nomes dos utilizadores que são membros deste grupo como um grupo secundário. Note que não mostra os utilizadores que são membros deste grupo como grupo principal.

Adicionar um grupo com definições personalizadas,

Sintaxe,   *# groupadd <opção> <parâmetro> <nome do grupo>*

Opções,   - **g**   id do grupo

- **o** Não   exclusivo

- **f** :   -Forçadamente

Exemplo,

[root@ip-172-31-37-64 ~]# groupadd -g 2005 TCS[root@ip- 172-31-37-64 ~]# tail -1 /etc/group TCS:x:2005:

Modificar o grupo existente com definições personalizadas,

Sintaxe,   - *groupmod <opção> <parâmetro> <nome do*

Opções,   *grupo>*

- **g** :-   ID do grupo

- **n** :-   Nome do grupo

Exemplo,

Alterar o ID do grupo de um grupo existente,

[root@ip-172-31-37-64 ~]#groupmod -g 5903 IBM [root@ip- 172-31-37-64 ~]# tail -1 /etc/group IBM:x:5903:

Alterar o nome do grupo de um grupo existente,

[root@ip-172-31-37-64 ~]# groupmod -n TATA TCS [root@ip-172-31-37-64 ~]# tail -2 /etc/group TATA:x:2005:

Administração/Gestão de utilizadores

#useradd - O comando 'useradd' é utilizado para criar uma nova conta de utilizador.

Sintaxe, *# useradd <nome de utilizador>*

Exemplo,

[root@ip-172-31-19-5 ~]# useradd shubham

Ficheiro /etc/passwd: Este ficheiro armazena informações sobre o perfil do utilizador. Ele contém 7 campos como segue, ®:@:@:@:@:®:@:®:@:®

1. **Nome de início de sessão do utilizador:** Este é um nome único para o utilizador. Os nomes de utilizador são importantes para fazer corresponder um utilizador à sua palavra-passe, que é armazenada separadamente em /etc/shadow. No Linux, não pode haver espaços no nome de utilizador.

2. **Ligação da palavra-passe a partir do ficheiro sombra: uma** vez que o ficheiro /etc/passwd pode ser lido por todos os utilizadores, por motivos de segurança, a palavra-passe é armazenada no ficheiro /etc/shadow.

3. **ID do utilizador (UID):** Cada utilizador tem um ID de utilizador único (UID). Trata-se de um ID numérico. É o UID que determina o que um utilizador pode fazer. Quando as permissões são definidas para um utilizador, o UID é armazenado nos metadados do ficheiro (e não o nome de utilizador). O UID 0 é reservado para o root. Os UIDs mais baixos (tipicamente até 999) são usados para contas de sistema, e os UIDs mais altos (a partir de 1000 por defeito), são reservados para pessoas que precisam de ligar o diretório ao servidor. [Nota: /etc/login.defs contém as definições por omissão para a criação de utilizadores].

4. **ID do grupo primário (GID):** No Linux, cada utilizador é membro de pelo menos um grupo. Este grupo é

designado por *primário*.

5. **Campo de comentários:** O campo Comentário, como pode adivinhar, é utilizado para adicionar comentários às contas de utilizador. Este campo é opcional, mas pode ser utilizado para descrever o motivo pelo qual uma conta de utilizador foi criada.

6. **Diretório inicial Diretório inicial:** Este é o diretório inicial onde o utilizador é colocado depois de iniciar a sessão, também designado por *diretório inicial.* Se a conta de utilizador for utilizada por uma pessoa, é aqui que a pessoa guarda os seus ficheiros e programas.

7. **Shell de login:** Este é o programa que é iniciado após o utilizador se ter ligado com sucesso a um servidor. Para a maioria dos utilizadores será / bin/bash, a shell padrão do Linux. Para contas de utilizadores de sistema, será tipicamente uma shell como /sbin/nologin. O comando **/sbin/nologin** é um comando específico que nega silenciosamente o acesso aos utilizadores.

Adicionar utilizadores com definições personalizadas,

Sintaxe, *# useradd <opções> <parâmetros> <nome de utilizador>*

Opções, **-u :-** ID do utilizador

- **g :-** Grupo primário
- **c :-** Comentário
- **d :-** Diretório inicial
- **s :-** Concha de acesso
- **G :-** Grupo secundário
- **r :-** Utilizador do sistema
- **e :-** Data de expiração da conta
- **o :-** Não único

Exemplo,

Criar um utilizador com um ID de utilizador personalizado,

```
[root@ip-172-31-19-5 ~]# useradd -u 2211 amit[root@ip-
172-31-19-5 ~]# tail -1 /etc/passwd
amit:x:2211:2211: :/home/amit:/bin/bash
```

Criar um utilizador com comentários,
```
[root@ip-172-31-19-5 ~]# useradd -c "utilizador linux" amit[root@ip-172-31- 19-5 ~]# tail -1 /etc/passwd
amit:x:2212:2212:linux
utilizador:/home/amit:/bin/bash
```
Criar um utilizador com um diretório pessoal personalizado,
```
[root@ip-172-31-19-5 ~]# useradd -d /project suresh[root@ip-172-
31-19-5 ~]# tail -1 /etc/passwd suresh:x:2213:2213::/project:/bin/bash
```
Criar um utilizador com uma shell nologin,

```
[root@ip-172-31-19-5 ~]# useradd -s /sbin/nologin mahesh[root@ip-172-31- 19-5 ~]# tail -1 /etc/passwd
mahesh:x:2214:2214::/home/mahesh:/sbin/nologin
```

Criar um utilizador com o grupo primário personalizado,

```
[root@ip-172-31-19-5 ~]# useradd -g IBM amit [root@ip-
172-31-19-5      ~]# tail -1 /etc/passwd
amit:x:2216:1003::/home/amit:/bin/bash
```

Criar um utilizador e atribuir um grupo secundário,
```
[root@ip-172-31-19-5 ~]# useradd -G IBM shubham[root@ip- 172-31-19-5 ~]# tail -2 /etc/group
IBM:x:1003:shubham shubham:x:2216:
```
Adicione o utilizador e a respectiva data de expiração,

```
[root@ip-172-31-19-5 ~]# useradd -e "10 dez 2019" suresh[root@ip-172-31-
19-5 ~]# chage -l suresh
Última alteração da palavra-passe: 08 de novembro de 2019
A palavra-passe expira: nunca.
Palavra-passe inativa: nunca.
A conta expira: 10 de dezembro de 2019
Número mínimo de dias entre a alteração da palavra-passe: 0
Número máximo de dias entre alterações da palavra-passe: 99999
Número de dias de aviso antes da expiração da palavra-passe: 7
```

Criar um utilizador com várias opções personalizadas,

[root@ip-172-31-19-5 ~]# useradd -u 6001 -g TCS -G IBM -c "conta de administrador" -d
/admin -s /bin/bash -e "31 Dez 2030" shubham [root@ip-172-31-19-
5 ~]# tail -1 /etc/passwd shubham:x:6001:1006:admin
conta:/admin:/bin/bash [root@ip-172-31-19-5 ~]# tail -2
/etc/group IBM:x: 1003:shubham
TCS:x:1006:
[root@ip-172-31-19-5 ~]# chage -l shubham
Última alteração da palavra-passe: 08 de novembro de 2019
A palavra-passe expira: nunca.
Palavra-passe inativa: nunca.
A conta expira: 31 de dezembro de 2030
Número mínimo de dias entre a alteração da palavra-passe: 0
Número máximo de dias entre alterações da palavra-passe: 99999
Número de dias de aviso antes da expiração da palavra-passe: 7

Modificar o utilizador com a definição personalizada,

#usermod - O comando 'usermod' é utilizado para modificar as definições de um utilizador existente. Sintaxe,

 # usermod <opção> <parâmetros> <nome de utilizador>

Opções, **-u :-** id do utilizador

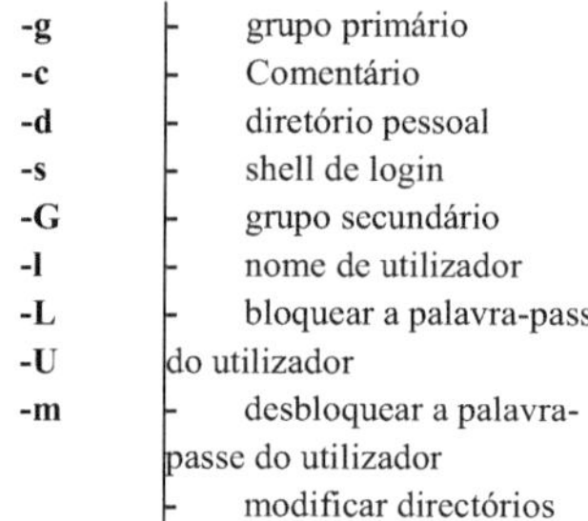

Por exemplo, Alterar ID do utilizador,

[root@ip-172-31-37-64 ~]# #usermod [root@ip-172-   -u 7766   sumit
31-37-64 ~]# tail -1 /etc/passwd sumit :x:6021:6021::
/home/ sumit: /bin/bash

Alterar comentário,

[root@ip-172-31-37-64 ~]# usermod -c "windows"   sumit
[root@ip-172-31-37-64 ~]# tail -1 /etc/passwd
sumit :x:6021:6021: windows: /home/sumit: /bin/bash

Alterar o diretório pessoal,

[root@ip-172-31-37-64 ~]# usermod -m -d /home/namit sumit[root@ip-172-
31-37-64 ~]# tail -1 /etc/passwd
sumit:x:6021:6021:windows:/home/namit:/bin/bash

Alterar a shell de início de sessão,

[root@ip-172-31-37-64 ~]# usermod -s /bin/bash sumit[root@ip-172-
31-37-64 ~]# tail -1 /etc/passwd
sumit:x:6021:6021 :windows:/home/namit:/bin/bash

Atribuir grupo secundário ou suplementar,

[root@ip-172-31-37-64 ~]#usermod -G TCS suresh[root@ip- 172-31-37-64 ~]# tail -1 /etc/group TCS:x:6023:suresh

Alterar o nome de início de sessão do utilizador,

[root@ip-172-31-37-64 ~]# usermod -l sammuel ritesh[root@ip-172-31-
37-64 ~]# tail -1 /etc/passwd
sammuel:x: 2214:2214: :/home/ritesh:/bin/bash

Alterar a data de expiração da conta,

```
[root@ip-172-31-37-64 ~]# usermod -e          '14 dec 2018'                    ritesh
[root@ip-172-31-37-64 ~]# chage -l ritesh
Última alteração da palavra-passe: 25 de maio de 2019
A palavra-passe expira: nunca.
Palavra-passe inativa: nunca.
A conta expira: 14 de dezembro de 2018
Número mínimo de dias entre a alteração da palavra-passe: 0
Número máximo de dias entre alterações da palavra-passe: 99999
Número de dias de aviso antes da expiração da palavra-passe: 7
```

Bloquear e desbloquear a palavra-passe do utilizador,

```
[root@ip-172-31-19-5 ~]# tail -1 /etc/shadow
amit:$6$lblryj7X$jDt1EWzSANqKVrW/KS4VSEBU/GTFFgUmfCNZJxBjV4kTUJWgirNaNKsHIg79Y
gUIPXO.VT50vQuNnu4ik64ZM/:18209:0:99999:7:::
[root@ip-172-31-19-5 ~]#
[root@ip-172-31-19-5 ~]# usermod -L          amitLI Bloquear Palavra-passe
[root@ip-172-31-19-5 ~]# tail -1 /etc/shadow
amit:!$6$lblryj7X$jDt1EWzSANqKVrW/KS4VSEBU/GTFFgUmfCNZJxBjV4kTUJWgirNaNKsHIg79
YgUIPXO.VT50vQuNnu4ik64ZM/:18209:0:99999:7:::
[root@ip-172-31-19-5 ~]#
[root@ip-172-31-19-5 ~]# usermod -U          amitLI Desbloquear Palavra-passe [root@ip-
172-31-19-5 ~]# tail -1 /etc/shadow
amit:$6$lblryj7X$jDt1EWzSANqKVrW/KS4VSEBU/GTFFgUmfCNZJxBjV4kTUJWgirNaNKsHIg79Y
gUIPXO.VT50vQuNnu4ik64ZM/:18209:0:99999:7:::
```

Remover o utilizador do sistema,

#userdel - O comando 'userdel' é utilizado para remover ou eliminar contas de utilizador do sistema.

Sintaxe,

 # userdel <nome de utilizador>

Exemplo,

Eliminar a conta de utilizador,

[root@ip-172-31-19-5 ~]# userdel amit

Eliminar a conta de utilizador juntamente com o seu diretório pessoal e conta de correio,

```
[root@ip-172-31-19-5 ~]# userdel -r shubham
```

Ficheiro /etc/gshadow: Este ficheiro é utilizado para armazenar a palavra-passe do grupo. Ele também armazena a lista de administradores e membros do grupo. Ele contém quatro campos,

®:@:@:@

1. Nome do grupo
2. Palavra-passe encriptada
3. Administrador do grupo
4. Lista de membros

#gpasswd - O comando 'gpasswd' é usado para fornecer a senha ao grupo. Também pode ser usado para adicionar membros e atribuir um administrador ao grupo.

Sintaxe,

 # gpasswd <opção> <parâmetro> <nome do grupo>

Opções, **-a :-** Adicionar membros ao grupo

-M   :- Lista de membros no

grupo

-A   :- Atribuir um utilizador como administrador do grupo

Exemplo,

Atribuir ou alterar a palavra-passe do grupo,

[root@ip-172-31-19-5 ~]# gpasswd TCS

Alterar a palavra-passe do grupo TCS Novo

Palavra-passe:

Introduzir novamente a nova palavra-passe:

[root@ip-172-31-19-5 ~]# tail -1 /etc/gshadow

TCS:6b4a1sbtiZDy$arjapZjNWW2u.EE2D49Zl2k8VtT7WNZ3zRNkmg0ByFIrJrXbjMZe8fQ0U0R

QfTG/RrXOKAukFC5ganx0k00MO1::

Adicionar utilizadores existentes no grupo utilizando o comando *gpasswd,*

[root@ip-172-31-19-5 ~]# gpasswd -a Mahesh TCSAdding
utilizador mahesh para o grupo TCS
[root@ip-172-31-19-5 ~]# tail -1 /etc/group
TCS:x:2218:Mahesh

Adicionar utilizadores existentes no grupo utilizando o comando *usermod,*

[root@ip-172-31-19-5 ~]# usermod -G TCS suresh[root@ip-

172-31-19-5 ~]# tail -1 /etc/group TCS:x:2218:mahesh,suresh

Adicionar um novo utilizador ao grupo enquanto cria a sua conta,

[root@ip-172-31-19-5 ~]# useradd -G TCS amit[root@ip-

172-31-19-5 ~]# tail -2 /etc/group

TCS:x:2218:mahesh, suresh,amit amit:x:2219:

Lista de membros do grupo, (A lista antiga de membros será substituída por uma nova lista).

[root@ip-172-31-19-5 ~]# gpasswd -M atul,shubham TCS[root@ip-

172-31-19-5 ~]# tail -2 /etc/group TCS:x:2218:atul,shubham amit:x:2219:

Atribuir o utilizador como administrador do grupo.

[root@ip-172-31-19-5 ~]# gpasswd -A amit TCS [root@ip-
172-31-19-5 ~]# tail -2 /etc/gshadow
TCS:6b4a1sbtiZDy$arjapZjNWW2u.EE2D49Zl2k8VtT7WNZ3zRNkmg0ByFIrJrXbjMZe8fQ0U0R
QfT G/RrXOKAukF C5ganx0k00MO1: amit: atul, shubham amit:!::

## Capítulo 7

Configuração de permissões

Segurança do sistema de ficheiros Linux:

A segurança do sistema de ficheiros do Linux restringe o acesso do utilizador aos ficheiros e directórios. Os utilizadores necessitam de permissão para aceder a ficheiros ou directórios. O comando "*ls -l*" ou "*ll*" pode ser usado para verificar a segurança de qualquer ficheiro ou diretório. O comando acima mostrará o conteúdo do diretório juntamente com os seus detalhes de segurança. Alguns dos atributos de segurança são mostrados abaixo,

Exemplo,

[root@ip-172-31-19-5 ~]# ll /roottotal 8

-rw   . 1 root root 6577 Jan 28 2019 original-ks.cfg

Para verificar a segurança de qualquer diretório,

[root@ip-172-31-19-5 ~]# ll -d /root

dr-xr-x---. 3 root root 181 Nov 5 10:46 /root

O exemplo acima apresenta o conteúdo do diretório juntamente com os respectivos detalhes de segurança. Contém dez campos, conforme mencionado abaixo,

drwxr-xr-x. 3 root root 181 Nov 5 10:46 /root
① ② ③ ④ ⑤ ⑥ ⑦ ⑧ ⑨ ⑩

1. Tipo de ficheiro.
2. Permissões do proprietário.
3. Permissões de grupo.
4. Outras permissões de utilizador.
5. Contagem de ligações.
6. Proprietário do ficheiro/diretório.
7. Grupo proprietário do ficheiro ou   diretório.
8. Tamanho do ficheiro.
9. Data e hora de criação.
10. Nome do ficheiro/diretório.

Tipos de ficheiros em Linux: Existem sete tipos de ficheiros disponíveis mencionados abaixo,

Tipo de ficheiro	Símbolo	Exemplo
Ficheiro normal/ficheiro regular	-	/etc/passwd
Diretório	d	/home
Ficheiro de ligação	l	/etc/grub.conf
Ficheiro de dispositivo de bloco	b	/dev/vdb
Ficheiro de dispositivo de caracteres	c	/dev/pts/0
Ficheiro de tomadas	s	/dev/log
Ficheiro de canalização normal	p	/dev/initctl

Ficheiro regular: O ficheiro regular é o tipo de ficheiro mais comum encontrado no sistema Linux. Rege todos os ficheiros diferentes, tais como ficheiros de texto, imagens, ficheiros binários, bibliotecas partilhadas, etc.

Diretório: O diretório é o segundo tipo de arquivo mais comum encontrado no Linux. O diretório pode ser criado com o comando **mkdir**.

Ficheiro de dispositivo de caracteres: Os ficheiros de dispositivo de caracteres e de blocos permitem que os utilizadores e os programas comuniquem com dispositivos periféricos de hardware.

Ficheiro de dispositivo de bloco: Os dispositivos de bloco são como os dispositivos de caracteres. Regem maioritariamente o hardware, como discos rígidos, memória, etc.

Socket de domínio local: Os soquetes de domínio local são usados para comunicação entre processos. Geralmente, são utilizados por serviços como o X Windows, syslog, etc.

Piped nomeado: Da mesma forma que os soquetes locais, os pipes nomeados permitem a comunicação entre dois processos locais. Eles podem ser criados pelo comando **mknod** e removidos com o comando **rm**. **Link simbólico:** Com links simbólicos um administrador pode atribuir a um arquivo ou diretório múltiplas identidades. Um link simbólico pode ser considerado como um ponteiro para um arquivo original.

Contagem de ligações: Também chamada de contagem de referência. Mostra uma contagem de ligações do ficheiro/diretório que foi criado.

A contagem de ligações predefinida do diretório é 2, enquanto a contagem de ligações predefinida do ficheiro é 1. Sempre que é criado um novo diretório, a contagem de ligações do seu diretório principal aumenta em 1.

Existem dois tipos de ligações simbólicas: a. Ligação rígida b. Ligação suave

Segue-se a diferença entre hiperligações rígidas e flexíveis,

Ligação rígida	Ligação suave
O número de inode do hard link é o mesmo que o número de inode do ficheiro original.	O número de inode dos softlinks é diferente do número de inode dos ficheiros originais.
As ligações directas contêm dados reais do ficheiro.	A ligação suave contém o caminho do ficheiro original e não os dados reais.
Assim, o tamanho da ligação física e do ficheiro original será o mesmo.	Assim, o tamanho da ligação suave depende do comprimento do caminho.
A criação ou remoção de hardlink aumentará ou diminuirá a contagem de links em 1.	Criar ou remover uma ligação suave não afectará a contagem de ligações.
A remoção do ficheiro original apenas reduzirá a contagem de links e não afectará nenhum dos seus hardlinks.	A remoção do ficheiro original irá desativar a ligação suave, uma vez que a ligação suave aponta para um ficheiro inexistente.
Não é possível criar uma ligação física do diretório.	É possível criar uma ligação suave para o diretório.
Sintaxe para criar uma ligação física, *# ln <arquivo_original> <nome_do_hardlink>*	Synatx para criar uma ligação suave, *# ln -s <ficheiro original> <nome_da_ligação suave>*

Exemplo,

Criar hardlink e softlink.

```
[root@ip-172-31-19-5 ~]# ln /root/anaconda-ks.cfg /root/Documents/hardlink [root@ip-172-31-19-5 ~]#
Em -s /root/anaconda-ks. cfg /root/Documents/softlink[root@ip-172-31-19-5 ~]# ll /root/Documents
Total 4
-rw   . 2 root root 817 Nov 18 23:06 hardlink
lrwxrwxrwx. 1 root root 21 Dec 4 16:57 softlink -> /root/anaconda-ks.cfg
```

Alterar a permissão utilizando letras -

Sintaxe,

 # chmod <u,g,o><+,-,=><r,w,x> <nome_do_arquivo>

(Os símbolos utilizados na sintaxe são explicados no quadro seguinte)

Símbolo	Descrição	Símbolo	Descrição	Símbolo	Descrição
u	Autorização do proprietário	+	adicionar permissão	r	Autorização de leitura
g	Autorização de grupo	-	remover permissão	w	Autorização de escrita
o	Permissão de outros utilizadores	=	atribuir permissão	x	Permissão de execução

Exemplo,

Dar autorização por escrito ao grupo,

[root@ip-172-31-41-212 ~]# mkdir /nagpur [root@ip-172-31- 41-212 ~]# chmod g+w /nagpur/ [root@ip-172-31-41-212 ~]# ls -ld /nagpur/ drwxrwxr-x. 2 root root 6 May 25 06:14 /nagpur/

Remover a permissão de leitura e escrita para outros utilizadores,

```
[root@ip-172-31-41-212 ~]# chmod o-rx /nagpur/[root@ip- 172-31-41-212 ~]# Is -Id /nagpur drwxrwx---. 2 root root
6 May 25 06:14 /nagpur
```

Atribuir permissão só de leitura ao grupo e a outros utilizadores,

```
[root@ip-172-31-41-212 ~]# chmod go=r /nagpur/[root@ip- 172-31-41-212 ~]# ls -ld /nagpur drwxr--r--. 2 root root 6
May 25 06:14 /nagpur
```

Dar permissão de execução ao proprietário do ficheiro,

[root@root ~]# touch samplefile3.txt [root@root ~]# chmod u+rwx samplefile3.txt[root@root ~]# ll -rwxr--r--. 1 root root 0 May 29 09:29 samplefile3.txt

Remover a permissão de leitura do grupo e atribuir permissão de leitura e escrita a outros utilizadores,

```
[root@ip-172-31-41-212 ~]# chmod g-r,o=rw samplefile3.txt[root@ip-172-
```

31-41-212 ~]# ls -l samplefile3.txt
-rwx---rw-. 1 root root 0 May 29 09:29 samplefile3.txt

Alterar a permissão utilizando números octal -

Sintaxe,

 # chmod <permissão_em_números> <nome_do_arquivo>

Contagem	BINÁRIO	PERMISSÃO
0	000	---
1	001	--x
2	010	-w-
3	011	-wx
4	100	r--
5	101	r-x
6	110	rw-
7	111	rwx

Exemplo,

Alterar a permissão utilizando um número octal,

[root@ip-172-31-41-212 ~]# mkdir /abhi [root@ip-172- 31-41-212 ~]# chmod 421 /abhi/[root@ip-172-31-41-212 ~]# ls -ld /abhi/

dr---w---x. 2 root root 6 May 25 07:10 /abhi/ [root@ip-172-31-41-212 ~]# chmod 732 /abhi/[root@ip-172-31-41-212 ~]# ls -ld /abhi/

drwx-wx-w-. 2 root root 6 May 25 07:10 /abhi/ [root@ip-172-31-41-212 ~]# chmod 644 /abhi/[root@ip- 172-31-41-212 ~]# ls -ld /abhi/

drw-r--r--. 2 root root 6 May 25 07:10 /abhi/ [root@ip-172-31-41-212 ~]# chmod 755 /abhi/ [root@ip- 172-31-41-212 ~]# ls -ld /abhi/ drwxr-xr-x. 2 root root 6 May 25 07:10 /abhi/

Permissão por defeito: Quando um utilizador cria um ficheiro como um utilizador normal, é-lhe dada a permissão rw- rw-r-- (664) por defeito. A um diretório é dada a permissão rwxrwxr-x (775). Para o utilizador root, as permissões de ficheiros e directórios são rw-r--r-- (644) e rwxr-xr-x (755), respetivamente. Esses valores padrão são determinados pelo valor da umask. Digite umask para ver qual é o seu valor de umask.

Se ignorarmos o zero inicial, o valor umask mascara o que é considerado permissões totalmente abertas para um ficheiro 666 ou uma diretoria 777. O valor de umask 002 resulta numa permissão para um diretório de 775 (rwxrwxr-x). Essa mesma umask resulta numa permissão de ficheiro de 644 (rw-rw-r--).

Permissão predefinida para root e utilizador padrão

Utilizador	Diretório	Ficheiro
Raiz	755	644
Utilizador padrão	775	664

Calculando a permissão com Umask

UTILIZAÇÃO R		Máscara de cálculo	Permissão Umask
Raiz	Dir	777-022	755
	Ficheiro	666-022	644
Padrão	Dir	777-002	775
	Ficheiro	666-002	664

Umask para o utilizador root e o utilizador standard

[root@root ~]# umask *umask predefinida para o utilizador root*
0022
[student@root ~]$ umask *umask para utilizador padrão*
0002

Alterar o valor de umask temporariamente

[root@root ~]# umask 000 [root@root ~]# mkdir demo[root@root ~]# ll

drwxrwxrwx. 2 root root 6 May 29 12:34 demo

Alterar o valor de umask permanentemente

[root@root ~]# vim /etc/profile
59 if [$UID -gt 199] && ["'/usr/bin/id -gn'" = "'/usr/bin/id -un'"]; then
60umask   002   #alterar o valor da linha 60 do utilizador padrão
61 outros   #alterar o valor da linha de raiz 62
62umask   000
63 fi
:wq
[root@root ~]# source /etc/profile[root@root ~]# umask
0000

Permissão especial: Temos três tipos de permissão especial, ou seja, suid, sgid e sticky bit.

Nome	Numérico Valor	Relativo Valor	Em ficheiros	Símbolo
SUID	4	u+s	O utilizador executa o ficheiro com as permissões do proprietário do ficheiro.	Sem significado.
SGID	2	g+s	O utilizador executa o ficheiro com a permissão do proprietário do grupo.	Ficheiros criados no directórioget o mesmo proprietário do grupo.
Bit pegajoso	1	o+t	Sem significado.	Impede que os utilizadores apaguem ficheiros de outros utilizadores.

SUID (definir a identidade do utilizador): SUID (Set owner User **ID** up on execution) é um tipo especial de permissão de ficheiro dada a um ficheiro. Normalmente, no Linux/UNIX, quando um programa é executado, herda as permissões de acesso do utilizador com sessão iniciada. SUID é definido como a atribuição de permissões temporárias a um utilizador para executar um programa/ficheiro com as permissões do proprietário do ficheiro e não do utilizador que o executa. Por outras palavras, os utilizadores obtêm as permissões do proprietário do ficheiro, bem como o UID e o GID do proprietário quando executam um ficheiro/programa/comando.

Sintaxe,

 # chmod u+s <nome_do_arquivo>

Exemplo,

(Como vimos em comandos básicos, o comando dmidecode é usado para obter informações de hardware do sistema. Mas o comando dmidecode é propriedade do utilizador root e está presente no diretório /sbin. Isto significa que nenhum utilizador local lhe pode aceder. O exemplo seguinte ilustra este cenário e, em seguida, define a permissão suid no comando. Depois de solicitar a permissão suid, qualquer utilizador pode executar este comando).

[shubham@ip-172-31-19-21 ~]$ dmidecode#
dmidecode 3.0
/sys/firmware/dmi/tables/smbios_entry_point: Permissão negadaScanning /dev/mem for entry point.
/dev/mem: Permissão negada [shubham@ip-
172-31-19-21 ~]$ sair da sessão
[root@ip-172-31-19-21 ~]# which dmidecode
/sbin/dmidecode
[root@ip-172-31-19-21 ~]# ll /sbin/dmidecode
-rwxr-xr-x 1 root root 110608 Jul 31 2018 /sbin/dmidecode[root@ip-172-31-
19-21 ~]# chmod u+s /sbin/dmidecode [root@ip-172-31-19-21 ~]# ll
/sbin/dmidecode
-rwsr-xr-x 1 root root 110608 Jul 31 2018 /sbin/dmidecode [root@ip-172-31- 19-21 ~]# su - shubham
Último acesso: Thu Dec 12 05:38:58 UTC 2019 em pts/0

[shubham@ip-172-31-19-21 ~]$ dmidecode
dmidecode 3.0
Obtendo dados SMBIOS do sysfs.
SMBIOS 2.7 presente.
11 estruturas que ocupam 359 bytes.Tabela em
0x000EB01F.
Identificador 0x0000, DMI tipo 0, 24 bytesBIOS
Informações
Fornecedor: Xen

SGID (definir a identidade do grupo): O bit SGID (Set Group ID up on execution) é definido no diretório se dermos permissão SGID a um determinado diretório e se um ficheiro for criado nesse diretório pelo utilizador root ou pelo utilizador local, esse ficheiro obterá automaticamente a propriedade do grupo de directórios. Por outras palavras, quando aplicamos o bit sgid a um determinado diretório, este herda a permissão de grupo para todos os ficheiros e directórios que serão criados no diretório aplicado ao sgid.
Sintaxe,
-     *chmod g+s <nome_do_ficheiro>*
Exemplo,
[root@ip-172-31-19-21 ~]# mkdir /demo [root@ip-172-
31-19-21 ~]# chgrp TCS /demo [root@ip-172-31-19-21
~]# ll -d /demo drwxr-xr-x 2 root TCS 6 Dec 12 05:55
/demo[root@ip-172-31-19-21 ~]# toque em /demo/ficheiro
[root@ip-172-31-19-21 ~]# ll /demo/file
-     rw-r--r-- 1 root root 0 Dec 12 05:56 /demo/file[root@ip-172-31-
19-21 ~]# chmod g+s /demo [root@ip-172-31-19-21 ~]# ll -d /demo
drwxr-sr-x 2 root shubham 31 Dec 12 05:57 /demo[root@ip- 172-31-19-21 ~]# touch /demo/file1 [root@ip-172-31-
19-21 ~]# ll /demo
total 0
-     rw-r--r-- 1 root root0   Dec 12 05:56 ficheiro
-     rw-r--r-- 1 root TCS0   Dec 12 05:57 file!

Sticky Bit: O Sticky Bit é utilizado principalmente em pastas para evitar a eliminação de uma pasta e do seu conteúdo por outros utilizadores, embora estes tenham permissões de escrita no conteúdo da pasta. Se o Sticky Bit estiver ativado numa pasta, os conteúdos da pasta são eliminados apenas pelo proprietário que os criou e pelo utilizador raiz. Mais ninguém pode apagar os dados de outros utilizadores nesta pasta (onde o sticky bit está definido). Esta é uma medida de segurança para evitar a eliminação de pastas críticas e do seu conteúdo (subpastas e ficheiros), embora outros utilizadores tenham permissões totais. Sintaxe, *# chmod o+t <nome_do_arquivo>* Exemplo,
[root@ip-172-31-19-21 ~]# mkdir /demo [root@ip-172- 31-19-21 ~]# chmod 777 /demo [root@ip-172-31-19-21 ~]#
chmod o+t /demo[root@ip-172-31-19-21 ~]# su - shubham
[shubham@ip-172-31-19-21 ~]$ touch /demo/file.txt
[shubham@ip-172-31-19-21 ~]$ logout
[root@ip-172-31-19-21 ~]# su - chetan [chetan@ip-172-31-19-
21 ~]$ rm -f /demo/file.txt
rm: não é possível remover '/demo/file.txt': Operação não permitida

ACL (lista de controlo de acesso): A ACL é utilizada para definir permissões sobre ficheiros e directórios para utilizadores específicos ou grupos específicos. Podemos atribuir vários utilizadores com diferentes permissões no mesmo ficheiro ou diretório. A lista de controlo de acesso (ACL) fornece um mecanismo de permissão adicional e mais flexível para os sistemas de ficheiros. Foi concebido para ajudar nas permissões de ficheiros UNIX. A ACL permite dar permissões a qualquer utilizador ou grupo para qualquer recurso de disco. Pense num cenário em que um determinado utilizador não é membro de um grupo criado por si mas, mesmo assim, quer dar algum acesso de leitura ou escrita, como pode fazê-lo sem tornar o utilizador membro do grupo, aqui entra em cena as Listas de Controlo de Acesso, ACL ajudam-nos a fazer este truque. As ACLs são usadas para criar um mecanismo de permissão flexível no Linux. A partir das páginas de manual do Linux, as ACLs são usadas para definir direitos de acesso discricionários mais finos para ficheiros e directórios.
        setfacl e *getfacl* são utilizados para configurar ACL e mostrar ACL, respetivamente.
Sintaxe, (para aplicar ACL)
setfacl -m u:<nome_do_usuário>:<permissões> <nome_do_arquivo>□   para o usuário

setfacl-mg:<nome_do_grupo>:<permissões> <nome_do_arquivo>□   para o grupo

Sintaxe, (para verificar a ACL)

 #   getfacl <nome_do_ficheiro>

Exemplos,

Do ponto de vista do utilizador,

<table>
<tr><td>[root@ip-172-31-19-21 ~]# mkdir /project [root@ip-172-31- 19-21
~]# ll -d /project drwxr-xr-x 2 root root 6 Dec 12 05:55 /project</td><td></td></tr>
<tr><td>[root@ip-172-31-19-21 ~]# useradd amit</td><td>Outros utilizadores</td></tr>
<tr><td>[root@ip-172-31-19-21 ~]# useradd sumit</td><td>Outros utilizadores</td></tr>
<tr><td>[root@ip-172-31-19-21 ~]# setfacl -m u:amit:rwx /project</td><td>□ aplicar acl</td></tr>
<tr><td>[root@ip-172-31-19-21 ~]# getfacl /project</td><td>□ verificar acl</td></tr>
<tr><td>[root@ip-172-31-19-21 ~]# su - amit</td><td></td></tr>
<tr><td>[amit@ip-172-31-19-21 ~]$ touch /project/amit.txt</td><td>□ criar com êxito</td></tr>
<tr><td>[amit@ip-172-31-19-21 ~]$ exit</td><td></td></tr>
<tr><td>[root@ip-172-31-19-21 ~]# setfacl -m u:sumit:r-- /project[root@ip-172-31-
19-21 ~]# su - sumit</td><td></td></tr>
<tr><td>[sumit@ip-172-31-19-21 ~]$ cd /project</td><td>Permissão negada</td></tr>
</table>

Numa perspetiva de grupo,

```
[root@ip-172-31-19-21 ~]# groupadd TCS [root@ip-172-31-
19-21 ~]# groupadd WIPRO [root@ip-172-31-19-21 ~]#
useradd -G TCS T1 [root@ip-172-31-19-21 ~]# useradd -G
TCS T2 [root@ip-172-31-19-21 ~]# useradd -G WIPRO W1
[root@ip-172-31-19-21 ~]# useradd -G WIPRO W2[root@ip-
172-31-19-21 ~]# useradd -G WIPRO W3[root@ip-172-31-
19-21 ~]# ll -ld /project drwxr-xr-x 2 root root 6 Dec 12 05:55
/projeto[root@ip-172-31-19-21 ~]# getfacl /projeto
[root@ip-172-31-19-21 ~]# setfacl -m g:TCS:rwx /project [root@ip-172-31-
19-21 ~]# setfacl -m g:WIPRO:--- /project[root@ip-172-31-19-21 ~]# getfacl
/projeto
[root@ip-172-31-19-21 ~]# setfacl -m u:w3:rwx /project
```

No exemplo acima, não temos qualquer permissão do grupo WIPRO, mas podemos atribuir algumas permissões ao utilizador "W3" do grupo WIPRO.

Copiar ACL de um ficheiro/dir para outro ficheiro/dir

```
[root@ip-172-31-19-21 ~]# touch /abc.txt [root@ip-172-
31-19-21 ~]# getfacl /abc. txt
[root@ip-172-31-19-21 ~]# getfacl /project | setfacl --set-file=- /abc.txt[root@ip-172-31-19-21 ~]#
getfacl /abc.txt
```

Remover ACL do ficheiro/dir

<table>
<tr><td>[root@ip-172-31-19-21 ~]# setfacl -x u:amit /project</td><td>□   remover um único utilizador</td></tr>
<tr><td>[root@ip-172-31-19-21 ~]# setfacl -x u:sumit,u: W3
/projeto</td><td>□   multi-utilizador [root@ip-172-31-</td></tr>
<tr><td>19-21 ~]# setfacl -x g: IBM /project</td><td>□   remoção de um único grupo</td></tr>
<tr><td>[root@ip-172-31-19-21 ~]# setfacl -x g: WIPRO,g: TCS
/projeto</td><td>□   multi-grupo [root@ip-172-</td></tr>
<tr><td>31-19-21 ~]# getfacl /project</td><td>Π remover todas as ACL</td></tr>
<tr><td>[root@ip-172-31-19-21 ~]# setfacl -b /abc.txt</td><td></td></tr>
</table>

Permissão SUDO: O comando *sudo* (Super User **DO**) no Linux é geralmente usado como um prefixo para alguns comandos que apenas os superusuários têm permissão para executar. Se você colocar o prefixo *sudo* em qualquer comando, ele executará esse comando com privilégios elevados ou, em outras palavras, permitirá que um usuário com as permissões adequadas execute um comando como outro usuário, como o superusuário. Isso é o equivalente à opção "executar como administrador" no Windows. A opção de sudo permite-nos ter vários administradores. Para permitir que o utilizador utilize o comando sudo, o utilizador deve estar listado no ficheiro

"/etc/sudoers". Ou o utilizador deve pertencer ao grupo wheel. O grupo wheel é o grupo predefinido que permite aos utilizadores utilizar o comando sudo.

Sintaxe,

 # sudo <linha_de_comando>

Exemplos,

```
[root@ip-172-31-19-21 ~]# su - amit [amit@ip-172-
31-19-21 ~]$ useradd shubham
-bash: /usr/sbin/useradd: Permissão negada [amit@ip-172-31-
19-21 ~]$ sudo useradd shubham
```

## Capítulo 8

Gestão de processos

Para tudo o que acontece num servidor Linux, é iniciado um processo. Por esse motivo, o gerenciamento de processos está entre as principais habilidades que um administrador deve dominar. Para o fazer de forma eficiente, é importante saber com que tipo de processo se está a lidar.

Pode ser feita uma distinção importante entre dois tipos de processos:

■ **Os trabalhos de shell** são comandos iniciados a partir da linha de comando. Eles são associados com o shellque era atual quando o processo foi iniciado. Os jobs do shell também são chamados de processos interativos.

■ **Daemons** são processos que fornecem serviços. Normalmente são iniciados quando um computador é arrancado e muitas vezes (mas certamente não em todos os casos) são executados com privilégios de root.

Execução de trabalhos em primeiro e segundo plano

Utilização do comando,

&	(utilizado no final de uma linha de comando) Inicia o comando imediatamente em segundo plano.
Ctrl+Z	Pára a tarefa temporariamente para que possa ser gerida. Por exemplo, pode ser movido para segundo plano.
Ctrl+D	Envia o carácter End Of File (EOF) para o trabalho atual para indicar que deve parar de esperar por mais entradas.
Ctrl+C	Pode ser utilizado para cancelar o trabalho interativo atual
# *bg*	Continua o trabalho que acabou de ser congelado utilizando Ctrl+Z em segundo plano.
# *fg*	Isto traz o último trabalho que foi movido para a execução em segundo plano de volta para o primeiro plano.
# *Empregos*	Mostra quais os trabalhos que estão atualmente em execução a partir da shell atual. Exibe números de jobs que podem ser usados como argumento para o comando bg e fg.

Compreender processos e threads

As tarefas no Linux são normalmente iniciadas como processos. Um processo pode iniciar várias threads de trabalho. Trabalhar com threads faz sentido porque, se o processo estiver muito ocupado, os threads podem ser tratados por diferentes CPUs ou núcleos de CPU disponíveis na máquina. Como administrador do Linux, não é possível gerenciar threads individuais; no entanto, é possível gerenciar processos. É o programador da aplicação multithread que tem que definir como as threads se relacionam entre si.

O comando ps e algumas das suas opções importantes,

# ps -e	sintaxe padrão
# ps aux	sistema utilizando a sintaxe BSD
# ps axjf	árvore de processos
# ps -eLf	Linhas de processo
# ps -C sshd -o pid=11288	Imprimir apenas os IDs de processo do id específico

Acompanhamento de processos através de *ps fax,*

[root@server2 ~]# ps fax PID

COMANDO TTY STAT TIME

1603 ? Ss 0:00 /usr/sbin/sshd -D35395?Ss0:00

_ sshd: root@pts/1

Monitorização de processos com *ps aux*

[root@server1 /]# ps aux

USUÁRIO PID %CPU %MEM VSZ RSS TTY STAT START TIME COMANDO root 1 0,0 0,4 52984 4272? Ss Feb05 0:03 /usr/lib/ systemd/systemd --switched- root --system --deserialize 23root 2 0,0 0,0 0 0 0 ? S Feb05 0:00 [kthreadd] root 3 0.0 0.0 0 0? S Feb050 :00 [ksoftirqd/0]

root 5 0.0 0.0 0 0 0 ? S< Fev05 0:00 [kworker/0:0H]

root 7 0.0 0.0 0 0 ? S Feb050 :00 [migration/0]

root 8 0.0 0.0 0 0 ? S Feb050 :00 [rcu_bh]

root 9 0.0 0.0 0 0 ? S Feb050 :00 [rcuob/0]

Monitorização de processos com *ps -ef*

Colunas importantes da saída do pscommand,

PID	Número de identificação do processo
PPID	Identificador do processo pai
PGID	Identificador do grupo de processos (líder do grupo de processos)
UID	Identificador do utilizador do processo (proprietário do processo)
ESTILO	Hora do início do processo
ESTADO	Estados de processo
CMD	comando pelo qual o processo foi iniciado
TTY	O terminal a partir do qual o processo foi iniciado
RP	Prioridade do processo
NI	Bom valor do processo
LWP	Processo de peso leve
NLWP	Número de processos ligeiros

Ajustar a prioridade do processo com um bom

Quando os processos do Linux são iniciados, eles são iniciados com uma prioridade específica. Por padrão, todos os processos regulares são iguais e são iniciados com a mesma prioridade, que é o número de prioridade 20. Em alguns casos, é útil alterar a prioridade padrão que foi atribuída ao processo quando ele foi iniciado. Você pode fazer isso usando os comandos **nice** e **renice**. Alterar a prioridade do processo pode fazer sentido em dois cenários diferentes.

Exemplo: que está prestes a iniciar uma tarefa de backup que não tem necessariamente de terminar rapidamente. Normalmente, as tarefas de backup consomem muitos recursos, pelo que pode querer iniciá-las de forma a não incomodar demasiado os outros utilizadores, reduzindo a sua prioridade.

Outro exemplo é quando se está prestes a iniciar um trabalho de cálculo muito importante. Para garantir que ele seja tratado o mais rápido possível, você pode querer dar a ele uma prioridade maior, tirando tempo de CPU de outros processos. Ao usar **nice** ou **renice** para ajustar a prioridade do processo, é possível selecionar valores que variam de -20 a 19.

Alterar o valor nice utilizando o comando *renice,*

```
[root@server2 ~]# sleep 1000 &[2] 2261
[root@server2 ~]# ps -l
F S UID PID PPID C PRI NI ADDR SZ WCHAN TTYTIME        CMD
4 S 0 2061 2054 0 800 - 29065 waitpts/0        00:00:00 bash
0 S 0 2261 2061 0 800 - 26973 hr time pts/0 00:00:00 sleep
0 R 0 2387 2061 0        800 - 30315 -pts/0        00:00:00 ps
[root@server2 ~]# renice -n -10 -p 2261
[root@server2 ~]# ps -l
F S UID PID PPID C PRI NI ADDR SZ WCHAN TTYTIME        CMD
4 S 0 2061 2054 0 800 - 29065 waitpts/0        00:00:00 bash
0 S 0 2261 2061 0 70 -10 - 26973 hrtime pts/0 00:00:00 sleep
```

DICA: Não defina a prioridade do processo como -20; corre o risco de bloquear outros processos de serem atendidos.

Enviando sinais para processos com kill, killall e pkill

O kernel Linux permite que muitos sinais sejam enviados aos processos. Use man 7 signals para uma visão completa de todos os sinais disponíveis. Três desses sinais funcionam para todos os processos:

- O sinal SIGTERM (15) é utilizado para pedir a um processo que pare.
- O sinal SIGKILL (9) é utilizado para forçar um processo a parar.
- O sinal SIGHUP (1) é usado para suspender um processo. O efeito é que o processo relerá seus arquivos de configuração, o que torna este sinal útil para ser usado após fazer modificações em um arquivo de configuração de processo.

Para enviar um sinal a um processo, usa-se o comando kill. O uso mais comum é a necessidade de parar um processo, o que pode ser feito usando o comando kill seguido pelo PID do processo, que envia o sinal SIGTERM para o processo, o que normalmente faz com que o processo cesse sua atividade.

Às vezes o comando kill não funciona porque o processo que você quer matar está ocupado. Nesse caso, você pode usar kill -9 para enviar o sinal SIGKILL para o processo.

Como o sinal SIGKILL não pode ser ignorado, ele força o processo a parar, mas você também corre o risco de perder dados ao usar este comando. Em geral, é uma má idéia usar kill -9porque,

■   Corre o risco de perder dados.

■   O sistema pode tornar-se instável se outros processos dependerem do processo que acabou de ser eliminado.

Envio de sinal utilizando o comando kill,

```
[root@server2     ~]# kill -l
1) SIGHUP       2) SIGINT      3) SIGQUIT     4) SIGKILL    5) SIGTRAP
6) SIGABRT      3) SIGBUS      8) SIGFPE      9) SIGKILL    10) SIGUSR1
■ ■ <
[root@server2     ~]# kill -9 2261
```

DICA: Use kill -lpara mostrar uma lista de sinais disponíveis que podem ser usados com kill.

Visão geral dos estados de processo do Linux

Estado	Significado
Corrida (R)	O processo está atualmente ativo e a utilizar o tempo de CPU ou na fila de processos executáveis à espera de obter serviços.
Dormir (S)	O processo está a aguardar a conclusão de um evento.
Sono ininterrupto (D)	O processo está num estado de suspensão que não pode ser interrompido. Isto acontece normalmente quando um processo está à espera de E/S.
Parado (S)	O processo foi interrompido, o que normalmente acontece num processo de shell interativo, utilizando a sequência de teclas **Ctrl+Z.**
Zombie (Z)	O processo foi parado mas não pôde ser removido pelo seu pai, o que o colocou num estado impossível de gerir.

Monitorização do processo através do comando top

O comando *top* é usado para mostrar os processos do Linux. Ele fornece uma visão dinâmica em tempo real de um sistema em execução. Normalmente, este comando mostra a informação sumária do sistema e a lista de processos ou threads que são atualmente geridos pelo Kernel Linux. Assim que executar este comando, abrirá um modo de comando interativo em que a metade da parte inferior conterá as estatísticas dos processos e a utilização dos recursos. A metade inferior contém uma lista dos processos atualmente em execução. Pressionar q simplesmente sairá do modo de comando.

```
[root@server2 ~]# top
topo - 02:19:11 acima 4 dias, 10:37, 5 utilizadores, média de carga: 0.07, 0.13, 0.09
Tarefas: 160 total, 1 em execução, 159 a dormir,       0 parado,0 zombie
Cpu(s): 10.7%us, 1.0%sy, 0.0%ni, 88.3%id, 0.0%wa, 0.0%hi, 0.0%si, 0.0%st
Mem:    760752k total,     644360k usado,    116392k livre,     3988k buffers
Swap: 1540088k total,      76648k usado, 1463440k livre,       196832k em cache
PID USERPR       NI VIRT RES SHR S %CPU %MEM TIME+ COMMAND
14401 jhradile     200 313m 10m 5732 S 5.6 1.           46:27.29 gnome-system-mo
1764     root200  133m 23m 4756 S 5.3 3.    26:32.66 Xorg
13865 jhradile    200 1625m 177m 6628 S 0.7 23.       80:57.26 java
20    root200000  S 0.3 0.  04:44.39 ata/0
2085    root200   40396 348 276 S 0.3 0.       01:57.13 udisks-daemon
1     root200     19404 832 604 S 0.0 0.     10:01.21 init
2     root200000  S 0.0 0.  00:00.01 kthreadd
3 rootRT          0000 S 0.0 0          .             00:00.00 migration/0
4     root200000  S 0.0 0.  00:00.02 ksoftirqd/0
5 rootRT          0000 S 0.0 0.      00:00.00 migration/0
6 rootRT          0000 S 0.0 0.      00:00.00 watchdog/0
```

Controlar empregos

Um job é um processo que o shell gerencia. A cada job é atribuído um ID de job sequencial. Como um job é um processo, cada job tem um PID associado. Existem três tipos de status de job:

*   **Primeiro plano**: Quando introduz um comando numa janela de terminal, o comando ocupa essa janela de terminal até ser concluído. Este é um trabalho em primeiro plano.

*   **Contexto**: Quando introduz um símbolo de E comercial (&) no fim de uma linha de comando, o comando é executado sem ocupar a janela do terminal. A linha de comandos é apresentada imediatamente após premir Return. Este é um exemplo de um trabalho em segundo plano.

*   **Parado**: Se premir Control + Z para um trabalho em primeiro plano, ou introduzir o comando stop para um trabalho em segundo plano, o trabalho pára. Este trabalho é chamado de trabalho parado.

Exemplo,

Trabalho em execução em segundo plano

```
[root@localhost ~]# sleep 200 &[2] 2261
[root@localhost ~]#jobs-□  listando trabalhos [1]-
Runningsleep      1000 &
[2]+ Runningsleep        200 &
```

Trazer os trabalhos de fundo para o primeiro plano.

```
[root@localhost ~]# fg %1 sleep 1000
^Z
```

Stopped(SIGTSTP) sleep 1000□ usou ctrl+z para parar o processo em primeiro plano [1]+

Processos de abate

Normalmente, um processo termina por si próprio quando termina a sua tarefa ou quando lhe é pedido para sair. No entanto, às vezes um processo pode ficar parado ou consumir muita CPU ou RAM. Nessa situação, você pode querer "matar" manualmente o processo. Para matar um processo, deve primeiro localizar os detalhes do processo. Você pode fazer isso através dos seguintes comandos: top, ps, pidof e pgrep. (Já vimos como obter detalhes de processos usando os comandos top e ps neste capítulo). Obtendo detalhes do processo usando pgrep,

O comando pgrep procura processos atualmente em execução no sistema, com base num nome de processo completo ou parcial, ou noutros atributos especificados.

```
[root@localhost ~]# pgrep -a sleep          Todos os processos com o nome 'sleep'2261 sleep
1000
2368 sleep 200
[root@localhost ~]# pgrep -a -u root 1  /bin/sh     Todos os processos do utilizador raiz
/sbin/init
2 kthreadd
3 kworker/0:0
4 kworker/0:0H
5 kworker/u2:0
6 mm_percpu_wq ■ ■ <
2261 dormir 1000
2368 sleep 200
```

Obtendo detalhes do processo usando pidof,

pidofcommand procura processos atualmente em execução no sistema. Este comando é como o comando pgrep, mas mostra apenas o id do processo.

[root@localhost ~]# pidof sleep2261 2368

Obtendo detalhes de processos usando o pstree e o pidstat

O comando pstree é como o comando ps, mas em vez de mostrar informações detalhadas, o comando pstree mostra os processos em estrutura de árvore. O comando pstree seguido do nome de utilizador dará uma árvore de processos gerada a partir desse utilizador.

O comando pidstat é usado para monitorar tarefas individuais que estão sendo gerenciadas pelo kernel Linux. O comando pidstat também pode ser usado para monitorar os processos filhos de tarefas selecionadas. O parâmetro de intervalo especifica a quantidade de tempo em segundos entre cada relatório.

Sinais importantes que são utilizados para matar ou terminar o processo:

N.º de sinal.	Nome_curto	N.º de sinal.	Nome_curto
3	SAIR	9	MATAR

15	TERMO	18	CONT
19	PARAR	20	TSTP

Exemplos,

Processo de eliminação utilizando o ID do processo,

[root@localhost ~]# pgrep -a sleep2261 sleep

1000

2368 sleep 200

[root@localhost ~]# kill -9 2261

[1]+ Sono de morte   1000

Eliminar o processo utilizando o nome do processo (utilizando pkill ou killall)

[root@localhost ~]# pgrep -a sleep2261 sleep

1000

2368 sleep 200

[root@localhost ~]# killall sleep [1]- Terminou

dormir 1000

[2]+ Terminatedsleep   200

Informações do sistema utilizando o tempo de atividade,

O tempo de funcionamento indica há quanto tempo o sistema está a funcionar. Apresenta um ecrã de uma linha com as seguintes informações. A hora atual, há quanto tempo o sistema está em funcionamento, quantos utilizadores estão atualmente com sessão iniciada e as médias de carga do sistema nos últimos 1, 5 e 15 minutos.

[root@localhost ~]# uptime

14:39:12 up 1:17, 2 utilizadores,   média de carga: 0.00, 0.05, 0.05

## Capítulo 9

Arquivamento e compressão

O arquivamento é o processo de combinação de vários ficheiros e directórios (do mesmo tamanho ou de tamanhos diferentes) num único ficheiro. Por outro lado, a compressão é o processo de redução do tamanho de um ficheiro ou diretório. O arquivamento é normalmente usado como parte de um backup do sistema ou ao mover dados de um sistema para outro. Um dos comandos mais antigos e mais comuns para criar e trabalhar com arquivos de backup é o comando *tar*. Com o *tar*, os utilizadores podem reunir grandes quantidades de dados numa única unidade conhecida como arquivo. Sintaxe: *tar <-opções> <compress_fileName>.tar <files_to_be_compressed>*

- c -> criar um arquivo.
- f -> nome do ficheiro. (Opção obrigatória)
- v -> verbose ou view.
- t -> Listar o conteúdo do arquivo.
- x -> executa o conteúdo do arquivo.
- P -> preservar permissão ao extrair ficheiro ou diretório.
- C -> copiar o conteúdo de um arquivo para outro diretório.

Exemplos,

Arquivar ficheiro utilizando o comando tar.

[root@localhost ~]# du -sh /etc□   utilização do disco ou tamanho do ficheiro/dir 34M

/etc

[root@localhost ~]# tar -cvf /backup.tar /etc tar: Removendo o '/' inicial dos nomes dos membros.

/etc/

/etc/netconfig

/etc/dracut. conf.d/

/etc/egl/

/etc/egl/egl_external_pl atform .d/

/etc/rc4.d

...

[root@localhost ~]# du -sh /backup.tar 30M

/backup.tar

Ficheiro de arquivo de listagem,

```
[root@localhost ~]# tar -tvf /backup.tar
drwxr-xr-x root/root             0 2018-09-15 16:13 etc/
-rw-r--r-- root/root           767 2018-08-28 01:51 etc/netconfig
drwxr-xr-x root/root             0 2018-07-30 11:07 etc/dracut.conf.d/
drwxr-xr-x root/root ... <       0 2018-09-02 22:17 etc/egl/
```

Extração de ficheiros arquivados,

```
[root@localhost ~]# tar -xvf /backup.tar          □ extrair no diretório atual
.. <
[root@localhost ~]# tar -xvf /backup.tar -C /demo/  □ extrato em diferentes
.. <                                                    localização
[root@localhost ~]# du -sh /demo/etc 34M /demo/etc
```

Compressão usando gzip, bzip2 e xz

A compressão é uma redução do número de bits necessários para representar dados.

A compressão de dados pode poupar capacidade de armazenamento, acelerar a transferência de ficheiros e diminuir os custos do hardware de armazenamento e da largura de banda da rede.

GZIP: O GZIP é uma boa opção para comprimir uma grande quantidade de dados, uma vez que é rápido. Seu uso de memória também é baixo. A compressão GZIP pode ser usada usando a opção "-z" no comando tar ou usando o comando *gzip*. O ficheiro comprimido GZIP pode ser extraído utilizando o *gunzip*.

BZIP2: O BZIP2 fornece uma melhor taxa de compressão em comparação com o GZIP, mas requer mais "tempo de CPU" para o conseguir. A opção "-j" no comando tar ou *bzip2* pode ser usada para a compressão bzip2. Bunzip2 é um comando para extrair um arquivo compactado com bzip2.

XZ: O XZ usa o algoritmo LZMA que fornece uma taxa de compressão impressionante, mas à custa de uma utilização muito elevada da CPU e da memória. A velocidade de descompressão é melhor, mas também consome muita memória. A compressão XZ pode ser feita pela opção "-J" no *comando* tar ou *xz*. MÉTODOS DE UM ARQUIVO

NÃO.	NOME	OPÇÃO	EXTENSÃO	UNZIP
1	gzip	-z	<nome_do_ficheiro>.tar. gz	gunzip
2	bzip2	-j	<nome do ficheiro>.tar.bz2	Bunzip2
3	xz	-J	<nome do ficheiro>.tar.xz	unxz

Exemplos,

Compressão com tarcommand,

[root@localhost ~]# du -sh /etc 34M
/etc
[root@localhost ~]# tar -czvf /backup1.tar.gz /etc   □ utilizando   gzip   método
[root@localhost ~]# du -sh /backup1.tar.gz
8.4M /backup 1. tar. gz
[root@localhost ~]# tar -cjvf /backup2.tar.bz2 /etc   □ utilizando   bzip2 método
[root@localhost ~]# du -sh /backup2.tar.bz2
7.0M /backup2.tar.bz2
[root@localhost ~]# tar -cJvf /backup3.tar.xz /etc [root@localhost ~]#   □ utilizando   xz   método
du -sh /backup3.tar.xz
5.7M /etc.tar.xz

Extração com tarcommand,
[root@localhost ~]# mkdir /gz_xtr /bz2_xtr /xz_xtr ncriar dir para extração [root@localhost ~]# tar -xvzf
/backup1.tar.gz -C /gz_xtr   □   para gzip
[root@localhost ~]# ls /gz_xtr etc
[root@localhost ~]# tar -xvjf /packup2.tar.bz2 -C /bz2_xtr [root@localhost ~]# ls □   para bzip2
/bz2_xtr etc
[root@localhost ~]# tar -xvJf /packup3.tar.xz -C /xz_xtr [root@localhost ~]# ls   0   para xz
/xz_xtr
etc
Compressão usando o comando gzip,
[root@localhost ~]# du -sh /etc 34M /etc
[root@localhost ~]# tar -cvf /etc.tar /etc[root@localhost ~]#
É /
etc.tar
[root@localhost ~]# du -sh /etc.tar 30M
/etc.tar
[root@localhost ~]# gzip/etc   .tar
[root@localhost ~]# Is / etc.tar.gz
[root@localhost ~]# du -sh /etc.tar.gz 8.4M
/etc.tar.gz

Quando utilizamos o comando gzip para a compressão, o ficheiro original é comprimido e substituído por um novo ficheiro comprimido. Isto ajuda a evitar o desperdício desnecessário de espaço de armazenamento, tanto para os ficheiros originais como para os ficheiros comprimidos. Além disso, o novo ficheiro comprimido recebe automaticamente a extensão .gz. Como se pode ver no exemplo acima. Da mesma forma, os comandos bzip2 e xz também geram ficheiros comprimidos e substituem o ficheiro antigo.

Compressão utilizando o comando bzip2,
[root@localhost ~]# tar -cvf /etc.tar /etc[root@localhost ~]#
É /
etc.tar
[root@localhost ~]# du -sh /etc.tar 30M
/etc.tar
[root@localhost ~]# bzip2/etc   .tar

[root@localhost ~]# ls / etc.tar.bz2
[root@localhost ~]# du -sh /etc.tar.bz2 7.5M
/etc.tar.bz2
Compressão utilizando o comando xz,
[root@localhost ~]# tar -cvf /etc.tar /etc[root@localhost ~]# ls /
etc.tar
[root@localhost ~]# du -sh /etc.tar   /etc.tar 30M
[root@localhost ~]# xz   /etc.tar
[root@localhost ~]# ls / etc.tar.xz
[root@localhost ~]# du -sh /etc.tar.xz 5.8M
/etc.tar.xz

Extração com gunzip, bunzip2e unxzcommand
Os comandos gunzip, bunzip2 e unxz são utilizados para extrair o respetivo tipo de ficheiros comprimidos. Substitui os ficheiros comprimidos por ficheiros recém-extraídos e também remove a extensão do método de compressão.
[root@localhost ~]# gunzip /etc.tar.gz [root@localhost ~]#
bunzip2 /etc.tar.bz2[root@localhost ~]# unxz /etc.tar.bz2
(experimente você mesmo)

Utilitário de pesquisa e filtro no Linux

Os utilitários de pesquisa são utilizados para procurar ficheiros no sistema, enquanto os utilitários de filtragem filtram o resultado. Seguem-se algumas ferramentas de filtragem que podemos utilizar,
□   **cat** - apresenta o texto do ficheiro como saída.
[root@localhost ~]# cat /flower.txtRose
Lótus
Lírio de lótus
Margarida
Margarida
Jasmim
Calêndula
Tulipa
□   **head** - apresenta as primeiras linhas (por defeito, dez linhas) da saída
[root@localhost ~]# head -n 3 /flower.txtRose
Lótus
Lótus
□   **tail-** mostra as últimas linhas (por defeito, dez linhas) da saída
[root@localhost ~]# tail -n 3 /flower.txtJasmine
Calêndula
Tulipa
□   **sort-** Ordena as linhas alfabeticamente por defeito, mas existem muitas opções disponíveis para modificar o mecanismo de ordenação
[root@localhost ~]# sort /flower.txtDaisy
Margarida
Jasmim
Lírio Lótus
Lótus
Calêndula
Tulipa rosa
□   **uniq** - Remove linhas duplicadas. uniq tem uma limitação, pois só pode remover linhas duplicadas contínuas.
[root@localhost ~]# uniq /flower.txtRose
Lírio de lótus
Margarida
Jasmim
Calêndula
Tulipa

☐ **sed-** sed significa editor de fluxo. *O sed* é um filtro bastante avançado e todas as suas opções podem ser vistas na sua página de manual.

```
[root@localhost ~]# sed -i s/^ /#/ /flower.txt [root@localhost ~]# cat
/flower.txt
#Rosa
#Lotus
#Lotus
#Lírio
#Daisy
#Daisy
#Jasmim
#Marigold
#Tulipa
```

O comando wc- wc fornece o número de linhas, palavras e caracteres nos dados. Opções,

-l	Mostrar contagem de linhas
-w	Mostrar contagem de palavras
-m	Mostrar contagem de caracteres

E Exemplo,

```
[root@localhost ~]# wc /flower.txt
    9957/flower .txt
```

grep- grep é utilizado para pesquisar uma determinada informação de um ficheiro de texto. Opções,

-i	Ignorar as maiúsculas e as minúsculas.
-v	Inverter a correspondência.
-c	Conta de saída de apenas linhas correspondentes.
-n	Preceder cada linha correspondente com um número de linha.

Exemplo,

```
[root@localhost ~]# grep "Da" /flower.txt#Daisy
#Daisy
[root@localhost ~]# grep -c "Da" /flower.txt2
[root@localhost ~]# grep -v "Da" /flower.txt#Rose
#Lotus
#Lotus
#Lírio
#Jasmim
#Marigold
#Tulipa
[root@localhost ~]# grep -c -v "Da" /flower.txt7
```

Seguem-se alguns utilitários de pesquisa.

☐ **locate -** O comando locate é utilizado para encontrar ficheiros pelo seu nome de ficheiro. O comando locate é extremamente rápido porque existe um processo em segundo plano que corre no seu sistema que encontra continuamente novos ficheiros e os armazena numa base de dados. Quando utiliza o comando locate, este procura o nome do ficheiro nessa base de dados em vez de procurar no sistema de ficheiros enquanto espera. Opções,

-i	Ignorar maiúsculas vs. minúsculas.
-c	Contagem de saída de apenas linhas correspondentes.
-l	Limitar o resultado da pesquisa

Exemplo,

[root@localhost ~]# localizar flor
/flower.txt
/home/shubham/Fotos/flor-123.jpg

☐ **find** - O comando find é um dos mais importantes e frequentemente utilizados utilitários de linha de comando nos sistemas operativos Linux. O comando find é utilizado para pesquisar e localizar a lista de ficheiros e directórios com base nas condições especificadas para os ficheiros que correspondem aos argumentos. O find pode ser utilizado numa variedade de condições: pode encontrar ficheiros por permissões, utilizadores, grupos, tipo de ficheiro, data, tamanho e outros critérios possíveis. Sintaxe:

#find <search_path> <options> <required-parameters> Opções,

Opções	Descrição
-nome <nome_do_ficheiro>	Procurar um ficheiro com o nome especificado
-perm <modo>	Os bits de permissão do ficheiro são exatamente o modo (octal ou simbólico)
-tamanho <N/+N/-N>	Procurar ficheiros com um tamanho específico (tamanho > ou tamanho <)
-utilizador <nome>	O ficheiro é propriedade do utilizador especificado
-uid <uid>	O ID numérico do utilizador dos ficheiros é o mesmo que uid
-grupo <nome_do_grupo>	O ficheiro é propriedade do grupo especificado
-gid <gid>	O ficheiro pertence a um grupo com o ID n
-amin <n/+n/-n>	O ficheiro foi acedido pela última vez há minutos
-mín <n/+n/-n>	Os dados do ficheiro foram modificados pela última vez há n minutos
-atime <n/+n/-n>	O ficheiro foi acedido pela última vez há mais de dias
-cmin <n/+n/-n>	O ficheiro foi alterado pela última vez há minutos
-ctime <n/+n/-n>	O ficheiro foi alterado pela última vez há mais de n dias
-mtime <n/+n/-n>	Os dados do ficheiro foram modificados pela última vez há dias
-vazio	O ficheiro está vazio
-executável	O ficheiro é executável
-legível	Localizar ficheiros legíveis
-escritível	Procura de ficheiros que possam ser escritos
-tipo <tipo>	Procurar um tipo específico (f,d,l,c,b,s,p)
-sem utilizador	Procurar um ficheiro sem nenhum utilizador associado
-exec <cmd>	O ficheiro que está a ser pesquisado cumpre os critérios acima e executa o comando fornecido

Exemplo,
[root@server1 ~]# find /etc -name passwd
/etc/passwd
[root@server1 ~]# find /home/ -perm 644
/home/ec2-user/.bash_logout [root@server1 ~]# find /
-tamanho +100M
/usr/lib/locale/locale-archive   [root@server 1
~]# find / -user cbz
/home/cbz
[root@server1 ~]# find / -uid 1005 /home/cbz
[root@server1 ~]# find / -group admin
/root/demo.txt

```
[root@server1 ~]# find / -gid 1006
/root/demo.txt
[root@server1 ~]# ll -l /boot/grub/menu.lst [root@server1 ~]# find /boot/ -amin -1 [root@server1 ~]# vi /etc/hosts
[root@server1 ~]# find /etc -mmin -1 /etc/hosts
[root@server1 home]# find / -name authorized_keys -exec cp -rv {} /home \;[root@server1 home]# find / -type f -
name passwd -exec rm -rf {} \;
```

## Capítulo 10

Software de gestão

Gestão de software em Linux:

No Linux, o software está disponível sob a forma de pacotes (os pacotes são a coleção de programas). Instalar os pacotes significa simplesmente extrair os ficheiros do arquivo e colocá-los no sistema. A gestão de pacotes é o método de instalação e manutenção do software.

Alguns pacotes requerem uma biblioteca partilhada, ou outro pacote, chamado dependência. Como existem muitas famílias de Linux, diferentes famílias de distribuição usam diferentes sistemas de empacotamento. A seguir estão alguns sistemas de pacotes comumente usados:

o Pacotes Red Hat (*.rpm)

o Pacotes Debian (*.deb)

o Pacotes Ubuntu (*.pkg)

Existem dois tipos de utilitários que podemos usar, ferramenta de baixo nível e ferramenta de alto nível. A ferramenta de baixo nível gere a instalação, atualização e desinstalação de ficheiros de pacotes, enquanto a ferramenta de alto nível pode instalar o pacote com as suas dependências.

Família Linux	Ferramenta de baixo nível	Ferramenta de alto nível
Red Hat	rpm	yum
Debian	dpkg	apt-get

#rpm: rpm é um gerenciador de pacotes RedHat usado para instalar arquivos de pacotes no sistema RedHat Linux. Ele instala apenas o pacote e não a dependência. Ele requer o caminho completo do pacote para a instalação.

#rpm <opção> <nome do pacote>

Sintaxe:

Opções:

-I	instalou o ficheiro do
-v	pacote verbose
-h	mostrar barra de hash
-U	Atualizar pacote consultar
-q	pacote apagar pacote
-e	

Exemplo:

Instalar o pacote a partir do diretório /package

#rpm -ivh /package/tree-1.6.0-10.e17.x86_64.rpm

Atualizar o pacote a partir de um servidor remoto

#rpm -Uvh http://cl assroom. com/content/tree -4.6.7-17.e17.x86_64. Rpm

[Nota: Utilize o nome completo do caminho do pacote antes da instalação. Utilize apenas o nome do serviço do pacote após a instalação].

Consulta do pacote

#rpm -q árvore	-	□ mostra o nome completo
#rpm -qi árvore	-	Informação do pacote instalado #rpm -qip
/package/tree-4.6.7- 17.e17 .x86_64.rpm	-	Informações sobre o pacote não instalado #rpm -qa
		- Lista de todos os pacotes instalados
#rpm -ql árvore		-□lista de localização do ficheiro extraído
#rpm -qc árvore		-Π lista de ficheiros de configuração
#rpm -qd árvore		-□Lista de ficheiros de documentação

Apagar ou desinstalar o pacote.

#rpm -evh árvore

#yum: yum é uma CLI de código aberto, bem como uma ferramenta GUI para sistemas baseados em rpm. Ele permite que o usuário instale, atualize, remova ou pesquise pacotes facilmente no sistema. O Yum usa vários repositórios de terceiros para instalar pacotes automaticamente. Isso também pode resolver o problema de dependência. O Yum não requer o nome completo do caminho do pacote para a instalação.

Como o Yum usa repositórios para obter os pacotes, ou você deve manter repositórios no seu sistema ou deve ter acesso aos repositórios remotos. O repositório nada mais é do que os metadados de todos os pacotes. Por vezes, os pacotes não são instalados porque o seu repositório não está disponível. Nesse caso, pode criar o seu repositório ou pode instalar o pacote utilizando o rpm, mas se utilizar o rpm, todas as dependências devem ser instaladas manualmente.

Sintaxe:

```
#yum <option/action> <package-name> [<-y/-d/-n>]
```

Acções:

instalar atualizar lista info	install package update package list all package package package info.
pesquisar	informações gerais da embalagem
remover histórico	uninstall package shows history groupinstall install group of packages
groupupdate grouplist	atualizar grupo de pacotes
	lista todos os grupos de pacotes grouppremove remove o grupo de pacotes instaladorepolistlist
repositórios limpos	limpar a cache do yum

Criar o seu repositório:

PASSO 1: instalar os pacotes necessários para criar um repositório, caso ainda não estejam instalados.

#rpm -ivh createrepo #rpm
-ivh deltarpm

PASSO2: criar um ficheiro de metadados de todos os pacotes

```
#createrepo -v /Packages
```

PASSO3: crie um novo ficheiro de repositório no caminho do repositório predefinido, ou seja, /etc/yum.repo.d/

#vim /etc/yum.repo.d/clientdemo.repo		
[exampleID] ---	-	□repo ID
name=Sampledemo---	-	-□nome do repo
baseurl=file: ///Packages--	-	-□url dos pacotes (http:// ou ftp:// para
URL remoto) enabled=1---	-	-□ 1 para ativar, 0 para desativar a

PASSO4: verificar o repositório

#yum repolist	
#yum clean all---	--□para limpar a cache do yum

Exemplos:

Instale o pacote httpd.

#yum install httpd	
#yum install tree -y	---□ instalar sem

Instalar um grupo de pacotes.

#yum grouplist	---□ listar todos os grupos
#yum groupinstall "Servidor Web Básico"	

Atualizar todos os pacotes.

#yum update -y	
#yum update -y --exclude pacotes do kernel	---□ atualizar tudo mas não o kernel

Mostrar pacote de um comando ou serviço específico

```
#yum provide "nmcli"
```

Outros comandos yum

#yum-config-manager -add-repo file:///Project	---□ para criar um atalho para o repositório
forma	

## Capítulo 11

Tarefa de programação

O agendamento de tarefas é uma funcionalidade que permite a um utilizador submeter um comando ou programa para execução num determinado momento no futuro. Num servidor Linux, certas tarefas têm de ser executadas em determinadas alturas. A execução do comando ou programa pode ser única ou periódica, com base numa agenda pré-determinada. Por exemplo, agendar comandos de manutenção do sistema para serem executados fora do horário de trabalho é uma boa prática, uma vez que não perturba as actividades comerciais normais.

No Linux, temos três métodos para agendar um trabalho,

- at - execução de uma só vez
- crontab- execução periódica
- anacron- execução periódica

1. # at

O at-command utiliza o serviço atd para executar tarefas. O comando at coloca a tarefa em fila de espera em /var/spool/at e executa-a quando está agendada. Após a execução, as tarefas são removidas da fila de espera. Depois de escrever os trabalhos desejados, pode guardar os trabalhos utilizando a tecla de atalho "ctrl+d"

Sintaxe, # at "<time> <date>" Por exemplo, Scheduling at job,

[root@localhost ~]# at "14:30 31 jan 2020" at> touch

/root/ficheiro.txt

at> mkdir /root/Practiceat>

<EOT>

trabalho 3 em Sex Jan 31 14:30:00 2020

Consulta de tarefas em fila de espera,

[root@localhost ~]# atq

2 Thu Feb 14 10:00:00 2020 a root

3 Sex Jan 31 14:30:00 2020 a root

Remoção de trabalhos em fila de espera,

[root@localhost ~]# atrm 2

[root@localhost ~]# atq

3 Sex Jan 31 14:30:00 2020 A root

2. # crontab

O Crontab é como um agendador de tarefas em janelas no Windows. No Linux, agendamos tarefas usando o crontab. A técnica de agendamento de tarefas do Crontab é muito útil para criar cópias de segurança, analisar sistemas, executar tarefas numa base diária, semanal, mensal, etc. Um daemon chamado *crowd* corre em segundo plano e verifica a sua configuração a cada minuto para examinar os ficheiros de configuração e executar comandos ou scripts shell especificados no crontab se o tempo coincidir com o tempo especificado. O Crontab pode executar o trabalho repetidamente em intervalos de tempo especificados.

O Crond executa regularmente tarefas cron se estas estiverem de acordo com o formato definido no ficheiro /etc/crontab. Os crontables para os utilizadores estão no diretório /var/spool/cron. Uma tabela cron inclui seis campos separados por espaço ou caracteres de tabulação. Os primeiros cinco campos especificam as horas para executar o comando, e o sexto campo é o nome do caminho absoluto para o comando a ser executado. Estes campos são mencionados no ficheiro /etc/crontab.

Ficheiro /etc/crontab,

\#   cat /etc/crontab SHELL=/bin/bash

PATH=/sbin:/bin:/usr/sbin:/usr/bin

MAILTO=raiz

\#   Para mais informações, consulte man 4 crontabs# Exemplo de definição de tarefa:

\#   .   minuto (0 - 59)

\# | .   hora (0 - 23)

\# || .   dia do mês (1 - 31)

\# ||| .   mês (1 - 12) OU jan,fev   , mar, abr,,,

\# |||| .   dia da semana (0 - 6) (domingo=0 ou 7) OU sol,seg,,,,# | | | | | |

\#   * * * * * * nome do utilizador comando a ser executado

Sintaxe,

 # crontab <opção>

Opções,

-e	Editar crontable
-l	Lista crontable
-r	Remover crontable
-u	Especificar o utilizador
-e -u	Editar crontable para um utilizador específico
-l -u	Listar crontable de um utilizador específico
-r -u	Remover o crontable de um utilizador específico

Exemplo,

Suponhamos que temos de programar as seguintes tarefas

1. Criar um ficheiro no diretório /root/Downloads com o nome FLOWER.txt às 22h30 do dia 15 de agosto.

2. Exibir a mensagem "Welcome to Root" no terminal à meia-noite de cada sábado.

3. Apresentar a mensagem "HELLO" no terminal após cada hora nos dias 10 de janeiro, fevereiro e março

```
[root@localhost ~]# crontab -e□      editando o crontab do utilizador atual
30 22 15 ago * /bin/touch /root/Downloads/FLOWER.txt
0 0 * * * sat /bin/echo "Bem-vindo ao Root"
0 * 10 jan,fev,mar * /bin/echo "HELLO"
```

Listagem crontable,

```
[root@localhost ~]# crontab -l
30 22 15 ago * /bin/touch /root/Downloads/FLOWER.txt
0 0 * * * sat /bin/echo "Bem-vindo ao Root"
0 * 10 jan,fev,mar * /bin/echo "HELLO"
```

Agendamento de uma tarefa para o utilizador da Natasha, criando um ficheiro no diretório pessoal da Natasha às 10h00 do dia 31 de janeiro[st] .

```
[root@localhost ~]# crontab -e -u natasha 0 10 31 jan * /bin/touch ~/demo
```

## Capítulo 12

Configurar o registo

Compreender o registo do sistema

A maioria dos serviços utilizados num servidor Linux escreve informações em ficheiros de registo. Estas informações podem ser escritas em diferentes destinos, e existem várias soluções para encontrar as informações relevantes nos registos do sistema. Nada menos que três abordagens diferentes podem ser usadas pelos serviços para escrever informações de log:

- **escrita direta:** Alguns serviços escrevem informações de registo diretamente para os ficheiros de registo, mesmo alguns serviços importantes como o servidor Web Apache e o servidor de ficheiros Samba.
- **rsyslogd:** rsyslogd é o aprimoramento do syslogd, um serviço que cuida do gerenciamento de arquivos de log centralizados. O syslogd já existe há muito tempo.
- **journald:** Com a introdução do systemd no serviço de log journald, o serviço systemd- journald foi introduzido. Este serviço está fortemente integrado com o systemd, o que permite aos administradores lerem informações detalhadas do journal enquanto monitorizam o estado do serviço utilizando o comando systemctl status.

Entendendo o papel do rsyslogd e do journald

No RHEL 7, o journald (que é implementado pelo daemon systemd-journald) fornece um sistema avançado de gerenciamento de logs. O journald coleta mensagens do kernel, de todo o procedimento de inicialização e dos serviços e grava essas mensagens em um diário de eventos. Este diário de eventos é armazenado num formato binário, e pode ser consultado usando o comando **journalctl**.

Como o journal que é escrito pelo journald não é persistente entre reinicializações, as mensagens também são encaminhadas para o serviço rsyslogd. O rsyslogd escreve as mensagens em diferentes ficheiros no diretório /var/log. O rsyslogd também oferece funcionalidades que não existem no journald, como o registo centralizado e a filtragem de mensagens através de módulos.

No estado atual do Red Hat Enterprise Linux 7, o journald não é um substituto para o rsyslog; é apenas outra maneira de registrar informações.

Usando systemctlStatus para mostrar informações de log relevantes

[root@ip-172-31-24-16 ~]# systemctl status sshd

- sshd.service - daemon do servidor OpenSSH

Loaded: carregado (/usr/lib/systemd/system/sshd.service; ativado; vendorpreset: ativado)

Ativo: ativo (em execução) desde Thu 2020-01-30 04:38:47 UTC; 2min 5s atrásDocs: man:sshd(8)

manual: sshd_config(5)

PID principal: 3367 (sshd)

CGrupo: /system.slice/sshd.service

'-3367 /usr/sbin/sshd -D

Jan 30 04:38:47 ip-172-31-24-16.us-east-2.compute.internal systemd[1]:StartingOp...

Jan 30 04:38:47 ip-172-31-24-16.us-east-2.compute.internal sshd[3367]: Lista de servidores...

Jan 30 04:38:47 ip-172-31-24-16.us-east-2.compute.internal sshd[3367]: Lista de servidores...

Jan 30 04:38:47 ip-172-31-24-16.us-east-2.compute.internal systemd[1]: Iniciado

Ler ficheiros de registo

Para além das mensagens que são escritas pelo journald no diário, e que podem ser lidas usando o comando journalctl, num sistema Linux também encontrará diferentes ficheiros de registo no diretório /var/log.

Ficheiro de registo	Explicação
/var/log/messages	O ficheiro de registo mais utilizado é o ficheiro de registo genérico, no qual é escrita a maioria das mensagens.
/var/log/dmesg	Contém mensagens de registo do kernel.
/var/log/secure	Contém mensagens relacionadas com a autenticação. Veja aqui quais os erros de autenticação que ocorreram num servidor.
/var/log/boot.log	Procure aqui mensagens que estejam relacionadas com o arranque do sistema.
/var/log/audit/audit. log	Contém mensagens de auditoria. O SELinux escreve neste arquivo.
/var/log/maillog	Veja aqui as mensagens relacionadas com o correio.
/var/log/samba	Fornece ficheiros de registo para o serviço Samba. Note que o Samba por

	defeito não é gerido através do rsyslog, mas escreve diretamente para o diretório /var/log.
/var/log/sssd	Contém mensagens que foram escritas pelo serviço sssd, que desempenha um papel importante no processo de autenticação.
/var/log/cups	Contém mensagens de registo que foram geradas pelo serviço de impressão CUPS.
/var/log/httpd/	Diretório que contém ficheiros de registo que são escritos pelo servidor Web Apache. Note que o Apache escreve mensagens nestes ficheiros diretamente e não através do rsyslog.

Compreender o conteúdo dos ficheiros de registo

Exemplo, (registos de mensagens)

```
[root@ip-172-31-24-16 ~]# tail -5 /var/log/messages
Jan 30 04:43:47 ip-172-31-24-16 amazon-ssm-agent: </body>
Jan 30 04:43:47 ip-172-31-24-16 amazon-ssm-agent: </html>
Jan 30 04:45:08 ip-172-31-24-16 dhclient[3012]: XMT: Solicitação na eth0, intervalo131720ms.
Jan 30 04:47:19 ip-172-31-24-16 dhclient[3012]: XMT: Solicitação na eth0, intervalo114430ms.
Jan 30 04:49:14 ip-172-31-24-16 dhclient[3012]: XMT: Solicitação na eth0, intervalo114820ms.
```

- **Data e hora:** Cada mensagem de registo começa com um carimbo de data/hora. Para efeitos de filtragem,
- **Anfitrião:** O host de onde a mensagem foi originada. Isso é relevante porque o rsyslogd pode ser configurado para lidar com logs remotos também.
- **Nome do serviço ou do processo:** O nome do serviço ou do processo que gerou a mensagem.
- **Conteúdo da mensagem:** O conteúdo da mensagem, que contém a mensagem exacta que foi registada.

Ficheiro de registo em direto

Monitorização, Sintaxe,

- *tail -f <arquivo de registo>*

Exemplo,

```
[root@ip-172-31-24-16 ~]# tail -f /var/log/messages
Jan 30 04:47:19 ip-172-31-24-16 dhclient[3012]: XMT: Solicitação na eth0, intervalo114430ms.
Jan 30 04:49:14 ip-172-31-24-16 dhclient[3012]: XMT: Solicitação na eth0, intervalo114820ms.
Jan 30 04:50:01 ip-172-31-24-16 systemd: Criada fatia User Slice do root.Jan 30 04:50:01 ip-172-3124-16 systemd: Iniciando User Slice do root.
Jan 30 04:50:01 ip-172-31-24-16 systemd: Iniciada a sessão 3 do utilizador root. Jan 30 04:50:01 ip-172-3124-16 systemd: Iniciando Sessão 3 do usuário root.Jan 30 04:50:01 ip-172-31-24-16 systemd: Removida a fatia User Slice do root.Jan 30 04:50:01 ip-172-31-24-16 systemd: Parando User Slice do root.
```

Utilizar o registador,

A maioria dos serviços escreve informações nos ficheiros de registo por si só. O comando logger permite aos utilizadores escrever mensagens no rsyslog a partir da linha de comandos. Os utilizadores podem escrever registos manualmente.

Sintaxe,

- registador <opção> <Mensagem>

Exemplo, (Escrever o registo com a opção de prioridade,)

```
[root@ip-172-31-24-16 ~]# logger -p local3.err "Perigo"[root@ip-172-31-32-167 ~]# tail -3 /var/log/messages
Jan 30 06:10:41 ip-172-31-32-167 systemd-logind: Nova sessão 5 do utilizador ec2-user.
Jan 30 06:10:41 ip-172-31-32-167 systemd: A iniciar sessão 5 do utilizador ec2-user.Jan 30 06:11:14 ip-172-31-32-167 ec2-user: Perigo
```

Configuração do rsyslogd

Para se certificar de que a informação que precisa de ser registada é escrita no local onde a quer encontrar, pode configurar o serviço rsyslogd através do ficheiro /etc/rsyslog.conf.

> Compreender os ficheiros de configuração do rsyslogd

Como muitos outros serviços no RHEL 7, a configuração do rsyslogd não é definida em apenas um arquivo de configuração. O arquivo /etc/rsyslogd.conf é o local central onde o rsyslogd é configurado. A partir deste ficheiro, o conteúdo do diretório /etc/rsyslog.d é incluído. Este diretório pode ser preenchido pela instalação de pacotes RPM em um servidor. Ao procurar por configurações específicas de log, certifique-se de sempre considerar o conteúdo deste diretório.

Se for necessário passar opções específicas para o serviço rsyslogd no arranque, pode fazê-lo usando o ficheiro /etc/sysconfig/rsyslog. Este ficheiro contém por defeito uma linha, que diz SYSLOGD_OPTIONS. Nesta linha, é possível especificar os parâmetros de inicialização do rsyslogd. A variável SYSLOGD_OPTIONS está incluída no ficheiro de configuração do systemd que inicia o rsyslogd. Teoricamente, você poderia alterar os parâmetros de inicialização neste ficheiro, também, mas isso não é recomendado

> **Compreender as secções de rsyslog.conf**

O ficheiro rsyslog.conf é utilizado para especificar o que deve ser registado e onde deve ser registado. Para tal, encontrará diferentes secções no ficheiro de configuração:

- **#### MÓDULOS ####**: O rsyslogd é modular. Os módulos são incluídos para melhorar a características suportadas no rsyslogd.

- **#### DIRECTIVAS GLOBAIS ####**: Esta secção é utilizada para especificar as **directivas globais** tais como o local onde os ficheiros auxiliares são escritos ou o formato de carimbo de data/hora predefinido.

- **#### RULES ####**: Esta é a parte mais importante do ficheiro rsyslog.conf. Ela contém regras que especificam que informações devem ser registadas em que destino.

- **Compreender as instalações, as prioridades e os destinos dos registos**

Para especificar que informações devem ser registadas em que destino, o rsyslogd utiliza instalações, prioridades e destinos:

- uma *facilidade* especifica uma categoria de informação que é registada. rsyslogd utiliza uma lista fixa de recursos, que não podem ser alargados. Isto deve-se à compatibilidade com o serviço legacysyslog.

- a *prioridade* é utilizada para definir a gravidade da mensagem que deve ser registada. Quando especificando uma prioridade, por defeito todas as mensagens com essa prioridade e todas as prioridades mais elevadas são registadas.

- um *destino* define onde a mensagem deve ser escrita. Os destinos típicos são ficheiros, mas os módulos rsyslog também podem ser usados como destino, para permitir o processamento posterior através de um módulo rsyslogd.

Podemos ver um exemplo da secção RULES no ficheiro rsyslog, ou seja, /etc/rsyslog.conf.

Seguem-se algumas prioridades do rsyslog,

Prioridade	Utilizado para
Depurar	Mensagens de depuração que fornecerão o máximo de informações possível sobre o funcionamento do serviço.
Informações	Mensagens informativas sobre o funcionamento normal do serviço.
Aviso	Utilizado para mensagens informativas sobre itens que podem tornar-se um problema mais tarde.
aviso / avisar	Há algo que não é o ideal, mas ainda não há um erro real.
err /erro	Ocorreu um erro não crítico.
Critério	Ocorreu um erro crítico
Alerta	Utilizado quando a disponibilidade do serviço está prestes a ser interrompida.
emergência / pânico	Mensagem gerada quando a disponibilidade do serviço é interrompida

Ficheiros de registo rotativos

Para evitar que as mensagens syslog encham completamente o sistema, as mensagens de registo podem ser rodadas. Isto significa que quando um determinado limite é atingido, o ficheiro de registo antigo é fechado e é aberto um novo ficheiro de registo. O utilitário logrotate é iniciado periodicamente através do serviço crond para tratar da rotação dos ficheiros de registo. As configurações padrão para a rotação de logs são mantidas no arquivo /etc/logrotate.conf. Os logs podem ser rotacionados com configurações personalizadas que serão mantidas no diretório /etc/logrotate.d.

Exemplo de conteúdo para a definição de logrotate,

```
[root@localhost ~]# cat /etc/logrotate.d/yum
/var/log/yum.log {
missingok
tamanho do notifempty
30k por ano
create 0600 root root
}
```

Os registos podem ser rodados à força utilizando o comando logrotate seguido do ficheiro de configuração para logrotate. O comando logrotate lê o ficheiro de configuração e pode executar

Trabalhar com o journald

O serviço systemd-journald armazena mensagens de log no journal, um arquivo binário que é armazenado no arquivo /run/log/journal. Este ficheiro pode ser examinado utilizando o comando journalctl.

Compreender o journalctl,

- journalctl, verá o conteúdo do diário desde o último arranque do seu servidor, começando no início do diário. O conteúdo é mostrado em less, então você pode usar comandos less comuns para percorrer o arquivo.

- journalctl --no-pager, mostra o conteúdo do diário sem usar um pager.

- journalctl -f, isso abre o modo de visualização ao vivo do journalctl, que permite ver novas mensagens rolando em tempo real. Use Ctrl+C para interromper.

- Digite journalctland e prima a tecla Tab duas vezes. Isso mostra opções específicas que podem ser usadas para filtragem. Por exemplo, journalctl _UID=0

- journalctl -n 20, Mostra as últimas 20 linhas do diário (tal como tail -n 20).

- journalctl -p err, isto mostrará apenas os erros. Pode utilizar outras prioridades com a opção -p.

- Se pretender visualizar as mensagens do diário que foram escritas num período de tempo específico, pode use as opções --sincee --until. Ambas as opções usam o parâmetro de tempo no formatoYYY- MM-DD hh:mm:ss. Além disso, você pode usar yesterday, today e tomorrow como parâmetros. Ex: journalctl --since yesterday, para mostrar todas as mensagens que foram escritas desde ontem.

- journalctl permite-lhe também combinar diferentes opções. Então, se você quiser mostrar todas as mensagens com prioridade err que foram escritas desde ontem, use journalctl --since yesterday -p err

.

- Se precisar do máximo de detalhes possível, use journalctl -o verbose, que mostra diferentes opções que são usadas ao escrever no diário.

- journalctl _SYSTEMD_ UNIT=sshd.servicpara mostrar mais informações sobre a unidade systemd sshd.

Preservando o diário do systemd

Por defeito, o diário é armazenado no ficheiro /run/log/journal. Todo o diretório /run é utilizado apenas para informação do estado atual do processo, o que significa que o diário é limpo quando o sistema reinicia.

Definindo parâmetros do journald através do arquivo /etc/systemd/journald.conf

```
[Diário] #Armazenamento=auto
#Comprimir=sim #Selar=sim
#SplitMode=login
#SyncIntervalSec=5m
#RateLimitInterval=30s
#RateLimitBurst= 1000
#SystemMaxUse=
#SystemKeepFree=
#SystemMaxFileSize=
#RuntimeMaxU se=
#RuntimeKeepF ree=
#RuntimeMaxFileSize=
#MaxRetentionSec=
#MaxF ileSec=1 mês
#F orwardT oSyslog=yes
#ForwardT oKMsg=no
#F orwardT oConsole=no
#TTYPath=/dev/console
#MaxLevelStore=debug
#MaxLevelSyslog=debug
#MaxLevelKMsg=notice
#MaxLevelConsole=info
```

Tornar o diário permanente

PASSO 1: Abra uma shell de raiz e escreva mkdir /var/log/journal.

PASSO2: Antes do journald poder escrever o diário neste diretório, tem de definir a propriedade. Digite chown root:systemd-journal /var/log/journal, seguido de chmod 2755 /var/log/journal .

PASSO 3: De seguida, pode reiniciar o sistema (reiniciar o serviço systemd-journald não é suficiente) ou utilizar o comando killall -USR1 systemd-journald.

PASSO 4: O diário do systemd é agora persistente através de reinicializações. Se você quiser ver as mensagens de log desde a última reinicialização, use journalctl -b .

## Capítulo 13

Gerir partições

Um sistema de ficheiros é uma estrutura organizada de ficheiros e directórios que contêm dados e que residem num dispositivo de armazenamento. O processo de adicionar um novo sistema de ficheiros a directórios existentes chama-se montagem e o diretório chama-se ponto de montagem. Os discos rígidos e outros dispositivos de armazenamento estão normalmente divididos em partições. No Linux, os diferentes tipos de discos rígidos têm representações diferentes para as suas partições.

===□ Tipos de discos rígidos e sua representação em partições:

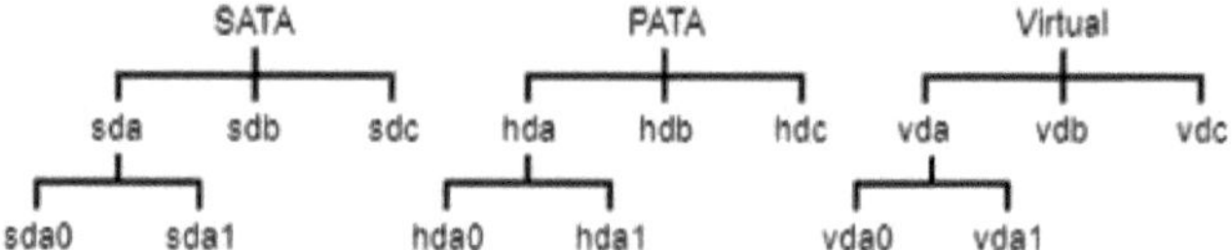

Fig 14.1 Representação do disco rígido

Estas representações são os ficheiros especiais designados por dispositivos de bloco. Os dispositivos de bloco são armazenados no diretório **/dev**. O particionamento do disco é o método de dividir os discos rígidos em várias unidades de armazenamento lógico, denominadas partições. Existem dois esquemas de particionamento de disco: 1. esquema de particionamento MBR 2. Esquema de particionamento GPT.

Esquema de Particionamento MBR: O esquema de particionamento Master Boot Record (MBR) dita como os discos devem ser particionados no sistema. O MBR usa a tabela de partição padrão da BIOS, portanto tem um limite de tamanho de 2TB. O MBR tem um tamanho de 512 bytes entre os quais 64 bytes são usados para informações da tabela de partição. Cada criação de partição requer 16bytes, portanto o esquema MBR suporta um máximo de quatro partições primárias (ou 3 primárias e 1 estendida).

Esquema de particionamento GPT: A Tabela de Partição GUID (GPT) supera as limitações da partição MBR. Tem um limite de tamanho de 8 ZB e também é possível criar mais de quatro partições primárias.

===□ Tipos de divisórias:

Primária: Uma partição primária é aquela em que o sistema operativo pode ser instalado. No MBR, podem ser criadas no máximo quatro partições primárias. A partição primária que é utilizada para arrancar o sistema é designada por partição ativa. (A partição ativa é a partição a partir da qual o sistema operativo é carregado.

Estendida: A partição alargada quebra o limite de quatro partições. Utilizando a partição alargada, podemos criar um número de partições lógicas. A partição alargada contém uma partição lógica. Só é permitida uma partição alargada.

Lógicas: As partições lógicas são criadas dentro da partição estendida. O RHEL 6 suporta um máximo de 12 partições lógicas, enquanto o RHEL 7 suporta um máximo de 60 partições lógicas. Para criar uma partição lógica, primeiro é necessário criar uma partição estendida.

GERIR A PARTIÇÃO MBR

Para o esquema de particionamento MBR, é utilizado o editor de partições fdisk.

Criar partição

```
[root@localhost Desktop]# fdisk /dev/sdbBem-vindo ao fdisk (util-linux 2.23.2).
As alterações permanecerão apenas na memória, até que decida escrevê-las.
O dispositivo não contém uma tabela de partições reconhecida
A construir uma nova etiqueta de disco DOS com o identificador de disco 0x56d50362.
Comando (m para ajuda):
```

2. O passo acima abre o editor de partições MBR, introduza m para obter ajuda sobre os comandos.
g criar uma nova tabela de partição GPT vaziaG

```
Comando (m para ajuda): m
Ação de comando
```

a toggle a bootable flagb

c ativar a bandeira de compatibilidade dosd eliminar uma partição
g criar uma nova tabela de partição GPT vaziaG

criar uma tabela de partição IRIX (SGI) l lista

3. Introduzir n para solicitar uma nova partição e indicar os valores dos campos solicitados.
tipos de partição conhecidos m imprimir este menu n adicionar uma nova partição o criar uma nova tabela de partições DOS vaziap imprimir a tabela de partições
q sair sem guardar as alterações

q sair sem guardar as alterações
s criar uma nova etiqueta de disco Sun vaziat alterar o id do sistema de uma partição
u alterar as unidades de visualização/entradav verificar a tabela de partições
w escrever a tabela no disco e sair
x funcionalidade extra (apenas para especialistas)
Comando (m para ajuda):

Comando (m para ajuda): n
Tipo de partição:

p primário (0 primário, 0 alargado, 4 livre)e
alargado

Selecionar (predefinição p): p
escolha acima
Número da partição (1-4, predefinição 1): 1
sector (2048-62914559, predefinição 2048): 2048

---□ selecionar o tipo de partição conforme

---□ dar o número da partiçãoPrimeiro
---□ sector inicial da partição

Último sector, +sectores ou +size{K,M,G} (2048-62914559, predefinição 62914559): +2G -□ tamanho do disco
A partição 1 do tipo Linux e de tamanho 2 GiB é definida

**4.   Alternar a partição se a partição tiver um tipo diferente de Linux. 'L' mostrará a lista de
tipo de partição.**
Comando (m para ajuda): t
Partição selecionada 1
Código hexadecimal (digite L para listar todos os códigos): L
**5.   A partição não será criada até que as alterações tenham sido guardadas. Dê o comando 'w' para guardar as
alterações.**
Comando (m para ajuda): w
Para visualizar blocos particionados,
[root@localhost Desktop]# lsblk
Para atualizar a tabela de partições,
[root@localhost Desktop]# partprobe
Sistemas de ficheiros
Um sistema de ficheiros é a forma como os ficheiros são nomeados, armazenados, recuperados e organizados no dispositivo de armazenamento ou partição. Seguem-se alguns dos sistemas de ficheiros mais utilizados atualmente,
□   xfs - Um sistema de arquivos de alto desempenho originalmente desenvolvido pela Silicon Graphics que funciona extremamente bem com arquivos grandes. Este sistema de arquivos é padrão para o RHEL 7. A NASA ainda utiliza este sistema de ficheiros no seu servidor de 300 TB.
□   ext2 - O sistema de ficheiros ext2 foi introduzido em 1993 e foi o primeiro sistema de ficheiros predefinido em vários sistemas de ficheiros Linux. Ultrapassa as limitações do sistema de ficheiros ext antigo. O tamanho máximo suportado é de 16GB a 2TB. A funcionalidade de registo no diário não está disponível. O ext2 é

normalmente utilizado em armazenamento baseado em flash, como pendrives, cartões SD, etc.

☐ ext3 - Foi introduzido em 2001 com todas as características do ext2 e uma caraterística adicional de journaling. Também oferece a possibilidade de atualizar do ext2 para o ext3 sem ter de fazer cópias de segurança e restaurar dados.

☐ ext4 - É o sucessor do ext3, muito aguardado. O ext4 foi introduzido em 2008 com capacidades retroactivas. Suporta um tamanho máximo de ficheiro de 16TB. Tem a opção de desativar a funcionalidade de journaling.

☐ vfat - Sistema de ficheiros FAT alargado da Microsoft.

Atribuir sistema de ficheiros à partição,

```
[root@localhost Ambiente de trabalho]# mkfs.xfs /dev/sdb1
```

OU

[root@localhost Ambiente de trabalho]# mkfs -t ext4 /dev/sdb1

Lista de discos de sistemas de ficheiros atribuídos (mostra o sistema de ficheiros e a identificação do bloco de partição)

[root@localhost Desktop]# blkid

Divisória de montagem

A montagem é o processo de adicionar uma partição ao sistema num diretório específico. O diretório é chamado de ponto de montagem. Existem dois métodos de montagem, a montagem temporária monta a partição temporária que é desmontada automaticamente após a reinicialização, enquanto a montagem permanente permite a montagem permanente.

montagem permanente.

Montagem temporária,

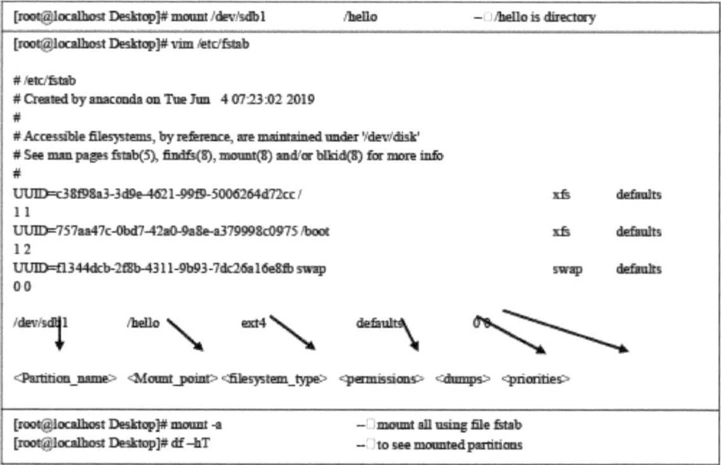

[root@localhost Desktop]# mount -a--☐montar   tudo usando o ficheiro fstab
[root@localhost Desktop]# df -hT--☐   para ver as partições montadas

Desmontagem da partição

Desmontagem temporária,

```
[root@localhost Desktop]# umount /dev/sdb1
```

A desmontagem permanente pode ser feita removendo a entrada do ficheiro fstab e executando #mount -a.

Remoção de partição

Antes de remover a partição, primeiro desmonte todas as partições que pretende remover. De seguida, remova a partição utilizando o editor de partições fdisk.

[root@localhost Desktop]# fdisk /dev/sdbBem-vindo ao fdisk (util-linux 2.23.2).

As alterações permanecerão apenas na memória, até que decida escrevê-las.

Comando (m para ajuda): d

Número da partição (1,2, por defeito 2): 1 predefinição)

A partição 1 é eliminada
- O comando □ d é utilizado para eliminar uma partição
- □ selecionar a partição n.º (toma a última partição como

Trocar partição

O espaço de troca no Linux é utilizado quando a quantidade de memória física está a ficar cheia. Se o sistema precisar de mais recursos de memória e a RAM estiver cheia, todas as páginas inactivas na memória são movidas para o espaço de troca. (a swap não deve ser considerada um substituto da RAM).

Como criar um espaço de troca?

Passo 1: Criar uma partição primária ou lógica

[root@localhost Ambiente de trabalho]# fdisk /dev/sdb	--□ criar nova partição

Passo 2: Atribuir sistema de ficheiros swap

[root@localhost Ambiente de trabalho]# mkswap /dev/sdbl

Passo 3: Montar como partição swap

[root@localhost Desktop]# swapon /dev/sdbl	--□ montar partição swap temporária
[root@localhost Desktop]# vim /etc/fstab	--□ para montagem permanente
/dev/sdb2 swap swap predefinições 0 0 deve ser swap	-□Entrada para a partição swap. Ponto de montagem

Ver partições swap,

[root@localhost Desktop]# swapon

desmonta a partição swap,

[root@localhost Ambiente de trabalho]# swapoff /dev/sdbl

## Capítulo 14

Gerir volumes lógicos LVM

Gestão de volumes lógicos (LVM):

O Logical Volume Management ou LVM é outra ferramenta de gestão de partições de disco para o Linux. Com o LVM, as partições do disco físico podem ser adicionadas a conjuntos de espaço chamados grupos de volumes. Aos volumes lógicos é atribuído espaço dos grupos de volumes conforme necessário. Características do LVM,

- Pode ser atribuído mais espaço ao volume lógico do grupo de volumes enquanto o volume ainda está a ser utilizado.

- Podem ser adicionados mais volumes físicos a um grupo de volumes se o grupo de volumes começar a ficar sem espaço. Os volumes físicos podem ser do mesmo disco ou de discos diferentes.

- Mover dados de um volume físico para outro, para que possa remover discos mais pequenos e substituí-los por discos maiores enquanto o sistema de ficheiros ainda está a ser utilizado.

Criar volume físico

Os volumes físicos são criados a partir da partição existente,

[root@localhost Desktop]# pvcreate /dev/sdb1--□   sdb1 é o disco existente partição

Lista Volumes físicos,

[root@localhost Desktop]# pvs
[root@localhost Desktop]# pvdisplay
--□ lista de volumes físicos
--□ mostrar pormenores de aspectos físicos

Criar grupo de volumes

Grupo de volumes é o conjunto de espaço que utiliza partições virtuais

[root@localhost Ambiente de Trabalho]# vgcreate vg_demo /dev/sdb1 /dev/sdb2	--□ criar grupo de volumes utilizando volumes físicos
[root@localhost Desktop]# vgs	--□ lista de grupos de volumes
[root@localhost Desktop]# vgdisplay	--□ detalhes do volumegroup

Os volumes lógicos são criados dentro do grupo de volumes,

[root@localhost Desktop]# lvcreate -L +300M -n lv1 vg_demo

<opção de tamanho> <tamanho> <opção de nome> <nome do volume lógico> <nome do grupo de volumes>

[root@localhost Desktop]# lvs--□   lista de volumes lógicos [root@localhost Desktop]# lvdisplay--□   mostrar detalhes dos volumes lógicos

Estender volumes usando LVM

Estender o volume lógico

[root@localhost Ambiente de trabalho]# lvextend -L +300M /dev/vg_demo/lv1	-□ aumentar o tamanho do lv sem o desmontar
[root@localhost Ambiente de trabalho]# resize2fs /dev/vg_demo/lv1	-□ redimensionar volumes do tipo ext

Estender o grupo de volumes (estender o grupo de volumes significa adicionar mais partições físicas ao grupo de volumes).

[root@localhost Desktop]# vgextend vg_demo /dev/sdb3	-□ sdb3 é um volume físico adicionado ao grupo de volumes

Reduzir volumes utilizando LVM

Para reduzir volumes lógicos, primeiro desmonte o volume lógico e limpe os processos, se existirem, em execução nessa partição. A redução só é possível no tipo de sistema de ficheiros alargado.

[root@localhost Desktop]# umount /dev/vg_demo/lv1	□	desmontar lv
[root@localhost Ambiente de trabalho]# fsck.ext4 -f /dev/vg_demo/lv1	□	processos claros
[root@localhost Ambiente de trabalho]# e2fsck -f /dev/vg_demo/lv1	□	se ocorrer um erro no comando acima
[root@localhost Desktop]# lvreduce -L -50M /dev/vg_demo/lv1		□ reduzir a lógica

Reduzir grupos de volumes significa remover volumes físicos do grupo de volumes. Apenas as partições físicas não utilizadas podem ser removidas.

[root@localhost Desktop]# vgreduce vg_demo /dev/sdb3

Remover volumes usando LVM

Remover a partição LVM (primeiro desmonta o volume)

[root@localhost Ambiente de trabalho]# lvremove /dev/vg_demo/lv1   □ remover volume lógico

                                                                     □   remover grupo de volumes

[root@localhost Desktop]# vgremove vg_demo when all lv remove   □   remover o volume físico

[root@localhost Desktop]# pvremove /dev/sdbl all vg remove   quando

## Capítulo 15

Gestão básica do kernel

Instalar ou atualizar o kernel:

Os pacotes do kernel podem ser actualizados ou pode ser adicionada uma nova versão do pacote do kernel ao sistema existente. O exemplo abaixo mostra como atualizar o kernel.

```
[root@desktop0 ~]# rpm –ivh /pkg/kernel-3.10.123.x86_64.rpm          ☐ installnew
version kernel
```

Capítulo 16
SSH

Nota: Assumir que

IP do servidor = 172.25.0.11

IP do cliente = 172.25.0.10
SSH, também conhecido como

SSH (Secure Shell):

Secure Shell ou Secure Socket Shell, é um protocolo de rede que dá aos utilizadores, particularmente aos administradores de sistemas, uma forma segura de aceder a um computador através de uma rede não segura. SSH também se refere ao conjunto de utilitários que implementam o protocolo SSH. O Secure Shell fornece autenticação forte e comunicações de dados encriptados entre dois computadores ligados através de uma rede aberta, como a Internet. O SSH é amplamente utilizado por administradores de rede para gerir sistemas e aplicações remotamente, permitindo-lhes iniciar sessão noutro computador através de uma rede, executar comandos e mover ficheiros de um computador para outro.

SSH refere-se tanto ao protocolo de rede criptográfico como ao conjunto de utilitários que implementam esse protocolo. O SSH utiliza o modelo cliente-servidor, ligando uma aplicação cliente secure shell, a extremidade em que a sessão é apresentada, a um servidor SSH, a extremidade em que a sessão é executada. As implementações SSH incluem frequentemente suporte para protocolos de aplicação utilizados para emulação de terminal ou transferências de ficheiros. O SSH também pode ser utilizado para criar túneis seguros para outros protocolos de aplicação. Um servidor SSH, por defeito, escuta na porta 22 do Protocolo de Controlo de Transmissão (TCP) padrão.

Capacidades de shell seguro,

☐ Acesso remoto seguro a sistemas ou dispositivos de rede compatíveis com SSH, tanto para utilizadores como para processos automatizados;

☐ sessões de transferência de ficheiros seguras e interactivas;

☐ transferências de ficheiros automatizadas e seguras;

☐ emissão segura de comandos em dispositivos ou sistemas remotos; e

☐ Gestão segura dos componentes da infraestrutura de rede.

Porta predefinida: 22

Ficheiro de configuração : */etc/ssh/sshd_config*

Pacote necessário: openssh-server, openssh-client, openssh

Serviço Daemon: sshd

Existem dois tipos de autenticação SSH:

1. Autenticação baseada em palavra-passe - Utiliza uma palavra-passe para permitir que os utilizadores acedam remotamente à sua shell.

2. Autenticação baseada em chaves - Utiliza pares de chaves (ou seja, chave pública e par de chaves privadas) para autenticação.

1. Autenticação baseada em palavra-passe:

A autenticação baseada na palavra-passe é o meio mais simples de autenticar uma ligação SSH a outra máquina. O utilizador fornece a palavra-passe da conta no momento da ligação.

Sintaxe:

```
[root@server0 ~]# ssh user@server_ip
```

Exemplo:

```
[root@server0 ~]# ssh root@172.31.19.233
A palavra passe de root@172.31.19.233:
```

Pode ativar ou desativar a autenticação baseada em palavra-passe alterando a sua configuração:

```
[root@server0 ~]# vi /etc/ssh/sshd_config
...
60  # Para desativar as palavras-passe de texto claro em túnel, mude para no aqui
61  #PasswordAuthentication sim
```

```
62  #PermitEmptyPasswords não
63  PasswordAuthentication sim
```

2. Autenticação baseada em chaves:

Os pares de chaves SSH são duas chaves criptograficamente seguras que podem ser utilizadas para autenticar um cliente num servidor SSH. Cada par de chaves é composto por uma chave pública e uma chave privada. A chave privada é retida pelo cliente e deve ser mantida em segredo absoluto. Qualquer comprometimento da chave privada permitirá que o invasor faça login em servidores configurados com a chave pública associada sem autenticação adicional. Como precaução adicional, a chave pode ser encriptada no disco com uma frase-chave.

A chave pública associada pode ser partilhada livremente sem quaisquer consequências negativas. A chave pública pode ser utilizada para cifrar mensagens que só a chave privada pode decifrar. Esta propriedade é utilizada como forma de autenticação utilizando o par de chaves.

A chave pública é carregada para um servidor remoto no qual se pretende iniciar sessão com SSH. A chave é adicionada a um ficheiro especial dentro da conta de utilizador em que vai iniciar sessão chamado ~/.ssh/authorized_keys.

Quando um cliente tenta autenticar-se utilizando chaves SSH, o servidor pode testar o cliente para saber se este possui a chave privada. Se o cliente conseguir provar que possui a chave privada, é gerada uma sessão shell ou o comando solicitado é executado.

- Para gerar o par de chaves, é utilizado o *ssh-keygen* no servidor:

```
[root@server0 ~]# ssh-keygen
Geração de um par de chaves rsa públicas/privadas.
Introduza o ficheiro no qual pretende guardar a chave (/root/.ssh/id_rsa):   -^ onde
para guardar as chaves Introduzir a frase-chave (vazio para nenhuma frase-chave):   -^
palavra-passe para a chave
Introduzir novamente a mesma frase-chave:
A sua identificação foi guardada em /root/.ssh/id_rsa.
A sua chave pública foi guardada em /root/.ssh/id_rsa.pub. A impressão digital da
chave é:
SHA256:s8E4nAFAMANL2mDLmjYjfYWXLgpEf74dm17DgyFfckk root@server0.example.com A imagem
de arte aleatória da chave é:
+---[RSA 2048] ---+
|B*o..   |
|**o o .  |
|o+....=  E|
|oo o= =..        |
|=+. oo*+S+|
|o.oo .=. @+|
|.. *.=|
+   [SH A256] +
J   .  |
```

- As chaves geradas têm a extensão .pub para a chave pública e nenhuma extensão (ou .pem) para a chave privada:

```
[root@server0 ~]# Is ~/.ssh/ authorized_keys id_rsa id_rsa.pub
    I► chave pública
    chave privada
```

- A chave pública deve ser mantida no ficheiro *~/.ssh/authorized_keys*

```
[root@server0 ~]# cat ~/.ssh/id_rsa.pub >> ~/.ssh/authorized_keys
```

- A permissão "600" tem de ser aplicada em ambas as chaves.

```
[root@server0 ~]# chmod 600 ~/.ssh/id_rsa
[root@server0 ~]# chmod 600 ~/.ssh/authorized_keys .ssh/
[root@server0 ~]# ll ~/
total 12
-rw1    root        raiz  975 Oct 21 06:08 authorized_keys
-rw1    root        raiz  1679Oct 21 05:37 id_rsa
-rw-r--r-- 1 root  raiz  430 Oct 21 05:37 id_rsa.pub
```

- Pode eliminar a chave id_rsa.pub, uma vez que já não é necessária

```
[root@server0 ~]# rm -f ~/.ssh/id_rsa.pub
```
- Transferir a chave privada para o cliente utilizando qualquer meio, como pen drive, correio eletrónico, ftp, etc. Aqui estamos a transferir a chave utilizando scp:

```
[root@server0 ~]# scp ~/.ssh/id_rsa root@172.25.0.10:/root
```
- Agora, o cliente pode aceder à shell do servidor através do ssh utilizando a chave privada,
- `-^ endereço ip do cliente como destino`
- Sintaxe: (Para aceder à shell segura utilizando a autenticação baseada em chaves)

```
[root@server0 ~]# ssh -i private_key user@server_ip
```
Exemplo

```
[root@client ~]# ssh -i /root/id_rsa root@172.25.0.11
```
Abaixo estão alguns exemplos que o ajudam a compreender melhor o ssh,

> Pode executar um único comando remotamente sem ter acesso a toda a shell ssh, `[root@client ~]# ssh root@172.25.0.11 mkdir /dir_name2`

> Para obter acesso a aplicações gráficas utilizando uma shell segura,

```
[root@client ~]# ssh -X root@172.25.0.11
[root@server0 ~]# firefox &-          □ aplicação gráfica
```

> Acesso seguro ao shell usando uma porta personalizada,

[root@server0 ~]# vim /etc/ssh/sshd_config-□ mention port new numberin

ficheiro de configuração ...

15   # semanage port -a -t ssh_port_t -p tcp #PORTNUMBER 16 #

17   #Port 22-□   remover o símbolo # e mudar o número da porta. Ele será parecido com as linhas abaixo,

18   # semanage port -a -t ssh_port_t -p tcp #PORTNUMBER-□ execute isto

19   #command   , substituindo #PORTNUMBER

20   Porta 2020 com   <número da porta>, ou seja, 2020

[root@server0 ~]# semanage port -a -t ssh_port_t -p 2020	-Π isto permitirá a porta a partir do selinux
[root@server0 ~]# systemctl restart sshd	- □ reiniciar o ssh
[root@server0 ~]# firewall-cmd --add-port=2020/tcp	-Π aberto

Aceder ao ssh remoto a partir do cliente utilizando o 2020port

[root@client ~]# ssh root@172.25.0.11 -p 2020

## Capítulo 17

Gerir e compreender o procedimento de arranque

Depois de premir o botão de alimentação, o sistema arranca em segundo plano até vermos o ecrã de início de sessão no visor. O procedimento de arranque ocorre em seis fases do processo.

1. **BIOS** - Sistema básico de entrada/saída
2. **MBR** - Registo mestre de arranque
3. **GRUB2** - Grande carregador de inicialização unificado
4. **Kernel** - Kernel
5. **Systemd** - Primeiro processo do sistema
6. **Runlevel-Target** - Programas de nível de execução
7. **BIOS:**

A BIOS - Basic Input/Output System (sistema básico de entrada/saída) é uma interface de firmware que controla não só o processo de arranque como também fornece todo o controlo da interface de baixo nível para os dispositivos periféricos ligados. Quando o sistema é ligado, lê todas as definições dos dispositivos e executa o processo POST (Power ON Self-Test) para reconhecer os dispositivos de hardware e testar e inicializar os componentes de hardware do sistema. Esse processo também é chamado de Verificação da integridade do sistema. Após o processo POST bem sucedido, procura o programa de arranque nos discos rígidos, CD-ROM, disquete, etc. e carrega o programa de arranque na ROM. A sequência de arranque pode ser alterada se ocorrer alguma interrupção (como, por exemplo, premir a tecla "delete"). Quando o programa de arranque é detectado e carregado na memória, o controlo é dado ao programa de arranque.

8. **MBR:**

Master boot Record colocado no primeiro sector do disco rígido de arranque do Linux e esta informação é pré-carregada em ROM (Read Only Memory) pela BIOS. O MBR tem apenas 512 bytes de tamanho e contém as instruções do código de máquina para arrancar o sistema operativo, o chamado gestor de arranque, juntamente com a tabela de partições e a verificação de validação. Assim que a BIOS encontra e carrega o programa gestor de arranque (GRUB2) na memória (ROM) ou no disco rígido, assume o controlo do processo de arranque. Simplesmente o MBR (Master Boot Record) carrega e executa o gestor de arranque GRUB2.

9. **GRUB2:**

GRUB significa Grand Unified Boot loader. O GRUB2 é o programa gerenciador de boot padrão em todas as versões mais recentes do Red Hat/CentOS 7 e também do Ubuntu a partir da versão 9.10. Ele foi substituído pelo gerenciador de boot GRUB, também conhecido como GRUB legacy. O arquivo de configuração do GRUB2 está localizado em /boot/grub2/grub.cfg e é gerado automaticamente pelo grub2-mkconfig usando modelos de /etc/grub.d e configurações de /etc/default/grub. O gestor de arranque (GRUB2 para RHEL 7) inicia o kernel do RHEL 7 e o disco RAM inicial (initrd). O GRUB 2 é instalado no setor de inicialização do disco rígido do seu servidor e é configurado para carregar um kernel Linux e o initramfs e o initrd é um sistema de arquivos raiz inicial que será montado antes do sistema de arquivos raiz real no sistema Linux. Se tiver várias imagens de kernel instaladas no seu sistema, pode escolher qual delas será executada. O GRUB mostra um ecrã inicial, aguarda alguns segundos e, se não introduzir nada, carrega a imagem de kernel predefinida conforme especificado no ficheiro de configuração do grub. O GRUB tem o conhecimento do ficheiro. Então, em termos simples, o GRUB apenas carrega e executa as imagens do Kernel e do initrd.

10. **KERNEL:**

O Kernel do Linux é o núcleo central do SO e é o primeiro programa carregado no arranque do sistema. Enquanto o sistema inicia, o kernel carrega todos os módulos e drives do kernel necessários a partir do initrd.img para carregar o primeiro processo do sistema systemd no Linux 7. Ele monta o sistema de arquivos raiz conforme especificado em "root=" no grub.conf. O comando abaixo pode mostrar o ID do processo systemd (PID).

```
[root@desktop0 ~]# ps -ef | grep systemd
```

11. **SISTEMAD:**

O processo Systemd é o primeiro processo (PID 1) a ser executado em sistemas Linux 7, ele inicializa o sistema e inicia todos os serviços que antes eram iniciados pelo processo init tradicional (/etc/init. d). O processo systemd lê o ficheiro de configuração de /etc/systemd/system/default.target, e depois carrega o SO no runlevel.target alvo. Isso diz ao systemd para iniciar tudo   em
o ficheiro /usr/lib/systemd/system/basic.target antes de iniciar os outros serviços multi-utilizador.

12. PROGRAMAS DE NÍVEL DE EXECUÇÃO:

O Systemd usa 'targets' em vez de níveis de execução.

Por defeito, existem dois objectivos principais:

multi-user.target: análogo ao nível de execução 3

graphical.target: análogo ao nível de execução 5

Para ver o objetivo predefinido atual, execute:

```
[root@desktop0 ~]# systemctl get-default
```

Para definir um alvo predefinido, execute: ex: systemctl set-default TARGET.target

[root@desktop0 ~]# systemctl set-default graphical.target

Lista de Alvos no Red Hat Linux 7.

* runlevel0.target -> poweroff.target
* nível de execução 1.target -> rescue.target
* runlevel2.target -> multi-user.target
* runlevel3.target -> multi-user.target
* runlevel4.target -> multi-user.target
* runlevel5.target -> graphical.target
* runlevel6.target -> reboot.target

## Capítulo 18

Repor a palavra-passe de raiz

1. Reiniciar o sistema.
2. Interromper a contagem decrescente do gestor de arranque premindo qualquer tecla.

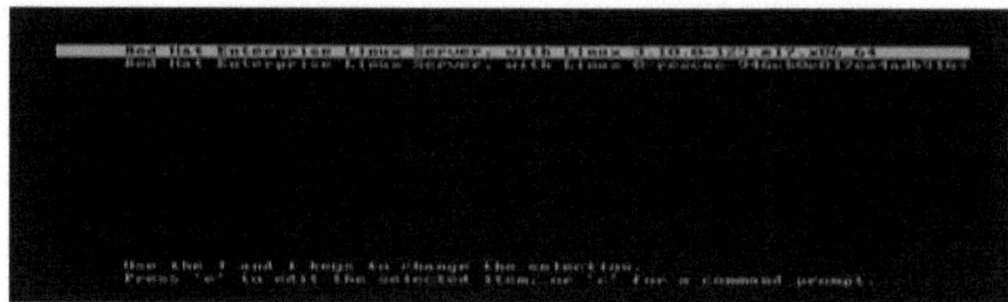

3. Deslocar o cursor para a entrada que deve ser iniciada.
4. Prima 'e' para editar a entrada selecionada.
5. Mova o cursor para a linha de comando do kernel (a linha começa com linux16).
6. Pressione a tecla End e depois dê um espaço Append *rd.break* (isto irá quebrar mesmo antes do controlo ser passado do initramfs para o sistema atual).
7. Prima Ctrl+x para arrancar com as alterações.

Para recuperar a palavra-passe de raiz a partir deste ponto, utilize o seguinte procedimento.

1. Remontar /sysroot como leitura-escrita.

root do switch: /# mount-o remount,rw/sysroot

2. Mudar para uma prisão chroot, onde /sysroot é tratado como a raiz da árvore do sistema de ficheiros.

switch_root:/# chroot /sysroot

3. Definir uma nova palavra-passe de raiz.

sh-4.2# passwd root

4. Certifique-se de que todas as actualizações de autenticação são bem sucedidas e de que todos os ficheiros não etiquetados são reetiquetados durante o arranque.

sh-4.2# touch /.autorelabel

Como mostra a figura...

## Capítulo 19

Trabalhar com LDAP

O LDAP, Lightweight Directory Access Protocol, é um protocolo da Internet que o correio eletrónico e outros programas utilizam para procurar informações num servidor. O LDAP é maioritariamente utilizado por organizações de média a grande dimensão. Se pertencer a uma que tenha um servidor LDAP, pode utilizá-lo para procurar informações de contacto e afins. O servidor LDAP é sobretudo utilizado para criar um sistema de servidor de utilizadores centralizado, para que o utilizador possa aceder à sua conta a partir de qualquer sistema na rede. Segue-se um exemplo de configuração do serviço LDAP do lado do cliente.

Exemplo,

Autenticação de utilizadores a partir de servidores de directórios LDAP que têm:Nome do servidor: classroom.example.com.

DN de base: dc=exemplo, dc=com.

Descarregar o certificado a partir de http ://classroom. example. com/pub/EXAMPLECA-CERTAAutenticar com os utilizadores ldapuserX com a palavra-passe "password".

```
[root@server3 ~]# yum install openldap-clients sssd authconfig-gtk -y[root@server3 ~]# authconfig-gtk
```

Preencher todas as informações na caixa de diálogo abaixo.

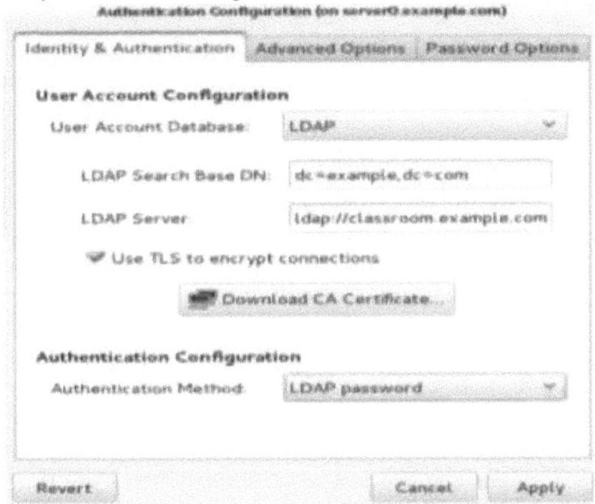

Clique em Descarregar certificado CA e preencha o caminho de certificação na caixa de diálogo abaixo.

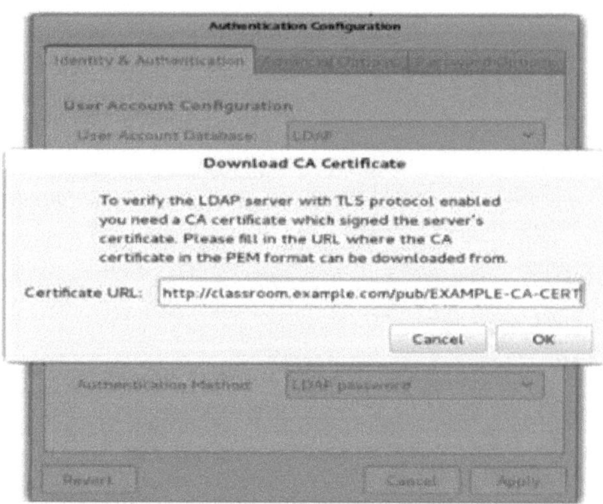

[root@server3 ~]# getent passwd [root@server3 ~]# vim /etc/sssd/sssd.conf
...
enumerar=verdadeiro
[sssd]
:wq
[root@server3 ~]# systemctl restart sssd[root@server3
~]# systemctl enable sssd [root@server3 ~]# getent
passwd
ldapuser3:x: 1703:1703:Utilizador de teste LDAP 3:/home/guests/ldapuser3:/bin/bash
---Não mostra o ldapuser

Configurar o autofs de modo a que o diretório home do servidor
classroom.example.com:/home/guests/ldapuserX seja partilhado pelo serviço nfs. Montar este diretório em
/home/guests/ldapuserX com o nfs versão 3. Sem este diretório inicial, o ldapuser não pode iniciar sessão no
sistema.
[root@server3 ~]# yum install autofs -y
[root@server3 ~]# vim /etc/auto.master
/misc /etc/auto.misc
/home/convidados /etc/auto.ldap
:wq
[root@server3 ~]# vim /etc/auto.ldap
ldapuser3 -rw,-fstype=nfs,vers=3 classroom.example.com:/home/guests/ldapuser3 :wq
[root@server3 ~]# systemctl stop autofs [root@server3
~]# systemctl start autofs [root@server3 ~]# systemctl
ativar autofs [root@server3 ~]# su - ldapuser3
Último acesso: Seg 16 Out 13:45:13 IST 2017 em pts/0
[ldapuser3@server3 ~]$ pwd
/home/convidados/ldapuser3

## Capítulo 20

Gerenciando o SELinux

O Security Enhanced Linux (SELinux) é um módulo de segurança melhorado no topo do Linux. Ele fornece medidas de segurança adicionais, é incluído por padrão e definido como modo de aplicação no RHEL. Se o SELinux estiver ativado e nada mais tiver sido configurado, todas as chamadas de sistema são negadas. Para especificar o que é exatamente permitido, é utilizada uma política. Nesta política, as regras definem que domínio de origem tem permissão para aceder a que domínio de destino. O domínio de origem é o sujeito que está a tentar aceder a algo. Normalmente, trata-se de processos ou utilizadores. O domínio de destino é o objeto que é acedido. Normalmente, trata-se de ficheiros, directórios ou portas de rede. Para definir exatamente o que é permitido, são utilizadas etiquetas de contexto. Estas etiquetas são a essência do SELinux, pois são usadas para definir regras de acesso.

Elementos principais do SELinux:

Elemento	Utilização
Política	Um conjunto de regras que definem que fonte tem acesso a que destino.
Domínio de origem	O objeto que está a tentar aceder a um destino. Normalmente, um utilizador ou um processo.
Domínio alvo	A coisa a que um domínio de origem está a tentar aceder. Normalmente, um ficheiro ou uma porta.
Contexto	Uma etiqueta de segurança que é usada para categorizar objectos no SELinux.
Regra	Uma parte específica da política que determina que domínio de origem tem que permissões de acesso a que domínio de destino.
Etiquetas	O mesmo que a etiqueta de contexto, definida para determinar que domínio de origem tem acesso a que domínio de destino.

Modos de funcionamento:

Existem três modos de funcionamento do SELinux, ou seja, Enforcing, Permissive e disabled.

Modo de aplicação: No modo Enforcing, o SELinux é ativado e todas as regras da política de segurança são aplicadas.

Modo permissivo: No modo permissivo, o SELinux é ativado, mas as regras de política de segurança não são aplicadas. Quando uma regra de política de segurança deveria negar a admissão, o acesso ainda é permitido. No entanto, uma mensagem é enviada para um arquivo de log denotando que o acesso deveria ter sido negado. Este modo pode ser útil para testar novas aplicações, testar novas regras de política SELinux e resolver problemas de propriedades particulares.

Modo desabilitado: No modo Desativado, o SELinux está desligado. Apenas as regras DAC serão aplicáveis para acesso. Não serão gerados registos. O modo Desativado pode ser útil em circunstâncias em que não é necessária uma segurança melhorada.

Define os modos operacionais do SELinux:

```
[root@desktop0 ~]# getenforce          → to check operational mode of
Enforcing                                SELinux
[root@desktop0 ~]# setenforce 0            --→ change operational mode
                                         temporary
                                         0/permissive = Permissive
                                         1/enforcing = Enforcing
```

Nota: Não é possível desativar o SELinux utilizando o comando. Tem de o desativar a partir do ficheiro de configuração.

O ficheiro de configuração principal do SELinux é o /etc/sysconfig/selinux. O comando setenforce irá alterar os modos operacionais temporariamente. Os modos operacionais podem ser geridos a partir do seu ficheiro de configuração principal que será aplicado permanentemente.

```
[root@server1 ~]# cat /etc/sysconfig/selinux
#    Este ficheiro controla o estado do SELinux no sistema.
#    SELINUX= pode assumir um destes três valores:
#    enforcing - A política de segurança do SELinux é aplicada.
#    permissivo - O SELinux imprime avisos em vez de impor.
```

```
#    disabled - Nenhuma política SELinux é carregada.
SELINUX=forçar
#    SELINUXTYPE= pode assumir um destes dois valores:
#    direccionados - Os processos direccionados são protegidos,
#    mínimo - Modificação da política direccionada. Apenas os processos seleccionados
são protegidos.
#    mls - Proteção de segurança multinível.
SELINUXTYPE=destinado
```

sestatuscommand pode ser usado para mostrar o estado do selinux,

```
[root@desktop0 ~]# sestatus                          --→ shows SELinux policies
```

Contextos de segurança:

O contexto de segurança SELinux é um método para classificar objectos (tais como ficheiros) e assuntos (tais como processos e utilizadores). O contexto SELinux, também chamado de rótulos, permite que as regras da política SELinux para o sujeito acessem o objeto. As configurações de contexto são uma parte importante das operações do SELinux. O contexto é uma etiqueta que pode ser aplicada a diferentes elementos:

- Ficheiros e directórios
- Portos
- Processos
- Utilizadores

As etiquetas de contexto definem a natureza do item, e as regras do SELinux são criadas para combinar as etiquetas de contexto dos objectos de origem com as etiquetas de contexto dos objectos de destino. Assim, definir as etiquetas de contexto correctas é uma competência muito importante para os administradores de sistemas.

Monitorizar etiquetas de contexto de um ficheiro/dir,

```
[root@desktop0 ~]# ls -l myfile              --→ show DAC rules for
myfile
-rw-r--r--. 1 root root 0 Jul 24 15:26 myfile
[root@desktop0 ~]# ls -Z myfile              --→ show SELinux context for
myfile
-rw-r--r--. root root unconfined_u:object_r:admin_home_t:s0 myfile


   DAC_rules          SELinux_username   role   rule_type   security_level
```

Mais exemplos,

```
[root@desktop0 ~]# ps -eZ | grep bash        → shows SELinux context for
                                             processes (ex. bash)
[root@desktop0 ~]# id                        → shows uid, gid and SELinux
                                             context for user
```

Cada etiqueta de contexto é sempre composta por três partes diferentes:

- Utilizador: O utilizador pode ser reconhecido por _u na etiqueta de contexto; está definido para system_u na maioria dos directórios. Os utilizadores SELinux não são os mesmos que os utilizadores Linux.
- Função: A função pode ser reconhecida por _r na etiqueta de contexto. A maioria dos objetos são rotulados com a função object_r. Na gestão avançada do SELinux, a utilizadores específicos do SELinux podem ser atribuídas permissões a funções específicas do SELinux.
- Tipo: O contexto de tipo pode ser reconhecido por _t na etiqueta de contexto.

Para ver os contextos de segurança SELinux actuais utilizando o comando secon,

```
[root@desktop0 ~]# segundo             mostra oo processo atual é    segurança
                                       contextotudo
[root@desktop0 ~]# segundo -urt        mostra outilizador, função, tipo contexto
                                       atualdo processo
[root@desktop0 ~]# secon -ut -p 1        mostrautilizador e contexto do
                                         com PIDde tipo i 1         processo
                                       espectác
[root@desktop0 ~]# secon -sc -f myfile ulos     sensível e livre       nível
                                       contexto do meu ficheiro
```

Definir tipos de contexto:
Como administrador, é importante que você saiba como definir tipos de contexto. Você pode definir esses tipos de contexto em arquivos e diretórios (requisito do RHCSA) e em outros objetos, como portas de rede (requisito do RHCE). Como a definição de tipos de contexto em ficheiros é o que realmente precisa de saber para o RHCSA, vamos concentrar-nos primeiro nessa tarefa.

Pode utilizar dois comandos para definir o tipo de contexto:

■ **semanage:** Este é o comando que você quer usar. O comando semanage escreve o novo contexto para a política SELinux, a partir do qual é aplicado ao sistema de ficheiros.

■ **chcon:** Este comando é para ser usado apenas em casos específicos e normalmente deve ser evitado. O comando **chcon** escreve o novo contexto no sistema de ficheiros e não na política. Tudo o que é aplicado com chcon é substituído quando o sistema de arquivos é renomeado, ou o contexto original é restaurado da política para o sistema de arquivos. *Não* use este comando!

Listar etiquetas utilizando semanage,

[root@desktop0 ~]# semanage fcontext -l ∏ listar o contexto de segurança para o ficheiro[root@desktop0 ~]# semanage port -1 □ listar o contexto de segurança para o porto[root@desktop0 ~]# semanage user -1 □ listar o contexto de segurança para o utilizador(mais opções da lista podem ser encontradas na opção --help)

Adicionar contexto de ficheiro, por exemplo,
[root@desktop0 ~]# semanage fcontext -a -t samba_share_t "/demo(/. *)?"
Para definir o contexto permanentemente, altere o contexto usando o comando *semanage* e execute o comando *restorecon* para definir o contexto. O comando *restorecon redefine* o contexto correto e também atualiza os contextos selinux em execução.

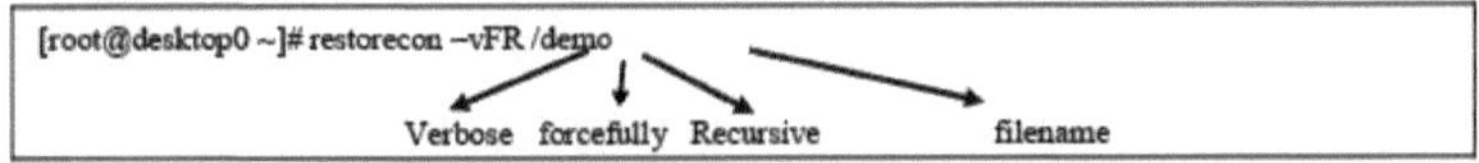

Adicionar número de porta ao contexto, por exemplo:
[root@desktop0 ~]# semanage port -a -t ssh_port_t -p tcp 2020
Nota: todos os contextos de segurança são reiniciados quando o sistema é arrancado. Isto é feito devido ao ficheiro /.autorelable.

Usando configurações booleanas para modificar as configurações do SELinux
Na política SELinux, existem muitas regras. Algumas dessas regras permitem uma atividade específica, enquanto outras regras negam essa atividade. Mudar regras não é fácil, e é por isso que os booleanos do SELinux são fornecidos para mudar facilmente o comportamento de uma regra.

Um exemplo de um Boolean é o ftpd_anon_write, que por padrão é definido como off. Isto significa que, mesmo que tenha configurado o seu servidor FTP para permitir escritas anónimas, o Boolean continuará a negá-las, e o utilizador anónimo não poderá carregar quaisquer ficheiros. Se existir um conflito entre a definição de um parâmetro num ficheiro de configuração de serviço e num booleano, o booleano tem sempre precedência. Mas os booleanos são fáceis de alterar.

Para obter uma lista de booleanos no seu sistema, utilize **getsebool -a** . Se estiver à procura de booleanos que estão definidos para um serviço específico, utilize **grep** para filtrar os resultados.

Uma forma alternativa de mostrar as definições booleanas actuais é utilizar o comando **semanage boolean -l**. Este comando fornece mais alguns detalhes, porque mostra a definição booleana atual e a definição booleana predefinida.

## Capítulo 21

Configuração de uma Firewall

Em informática, uma firewall é um sistema de segurança de rede que monitoriza e controla o tráfego de entrada e saída da rede com base em regras de segurança pré-determinadas. Normalmente, uma firewall estabelece uma barreira entre uma rede interna fiável e uma rede externa não fiável, como a Internet.

As firewalls são frequentemente categorizadas como firewalls de hardware ou firewalls de software. As firewalls de hardware (também chamadas de firewalls de rede) filtram o tráfego entre duas ou mais redes e são executadas no hardware da rede. As firewalls de software (também designadas por firewalls baseadas no anfitrião) são executadas em computadores anfitriões e controlam o tráfego de rede que entra e sai dessas máquinas. O tráfego de rede é controlado pela permissão de portas. No Linux, o firewalld é o controlador de frontend para o firewall-cmd utilizado para implementar regras de tráfego de rede persistentes. Fornece interfaces gráficas e de linha de comando e está disponível nos repositórios da maioria das distribuições Linux. O FirewallD usa *zonas* e *serviços* para gerenciar o tráfego dinamicamente, de modo que ele atualiza as regras sem quebrar nenhuma sessão ou conexão existente. Por padrão, o firewall permite todas as portas de tráfego de saída e nega todas as portas de tráfego de entrada.

Gerir o tráfego através de zonas:

As zonas são conjuntos de regras pré-construídas para vários níveis de confiança que provavelmente teria para uma determinada localização ou cenário (por exemplo, casa, público, de confiança, etc.). Diferentes zonas permitem diferentes serviços de rede e tipos de tráfego de entrada, enquanto negam todo o resto. Depois de ativar o FirewallD pela primeira vez, Pública será a zona padrão. As zonas também podem ser aplicadas a diferentes interfaces de rede. Por exemplo, com interfaces separadas para uma rede interna e para a Internet, pode permitir DHCP numa zona interna mas apenas HTTP e SSH na zona externa. Qualquer interface não definida explicitamente para uma zona específica será anexada à zona predefinida.

Exemplos,

Para ver a zona predefinida:

[root@desktop0 ~]# firewall-cmd --get-default-zone

Para alterar a zona predefinida:

[root@desktop0 ~]# firewall-cmd --set-default-zone=internal

Para ver as zonas utilizadas pela(s) sua(s) interface(s) de rede:

[root@desktop0 ~]# firewall-cmd --get-active-zones

Para obter todas as configurações de uma zona específica:

[root@desktop0 ~]# firewall-cmd --zone=public --list-all

Para obter todas as configurações de todas as zonas:

[root@desktop0 ~]# firewall-cmd --list-all-zones

Gerir o tráfego através de serviços:

A FirewallD pode permitir o tráfego com base em regras predefinidas para serviços de rede específicos. Você pode criar suas próprias regras de serviço personalizadas e adicioná-las a qualquer zona. Os arquivos de configuração para os serviços suportados por padrão estão localizados em /usr/lib/firewalld/services e os arquivos de serviços criados pelo usuário estariam em /etc/firewalld/services.

Para ver os serviços disponíveis por defeito:

[root@desktop0 ~]# firewall-cmd --get-services

Por exemplo, para ativar ou desativar o serviço HTTP:

```
[root@desktop0 ~]# firewall-cmd --zone=public --add-service=http -permanent [root@desktop0 ~]# firewall- cmd --zone=public --remove-service=http --permanent
```

Gerir o tráfego utilizando Portos:

Exemplo,

Permitir ou negar uma porta arbitrária

Por exemplo: Permitir ou desativar o tráfego TCP na porta 12345.

```
[root@desktop0 ~]# firewall-cmd --add-port=12345/tcp --permanent [root@desktop0 ~]# firewall-cmd --remove-port=12345/tcp --permanent
```

Encaminhamento de porta,

A regra de exemplo abaixo encaminha o tráfego da porta 80 para a porta 12345 no mesmo servidor.

```
[root@desktop0 ~]# firewall-cmd --add-forward-port=port=80:proto=tcp:toport=12345
```

Para reencaminhar uma porta para um servidor diferente:

1. Ativar a máscara na zona pretendida.

[root@desktop0 ~]# firewall-cmd --zone=public --add-masquerade

2. Adicione a regra de encaminhamento. Este exemplo encaminha o tráfego da porta local 80 para a porta 8080 num *servidor remoto* localizado no endereço IP: 198.51.100.0

```
[root@desktop0 ~]# firewall-cmd --zone="public" --add-forward-port=port=80:
proto=tcp:toport=8080:toaddr=198.51.100.0
```

Para remover as regras, substitua --add por --remove. Por exemplo:

[root@desktop0 ~]# firewall-cmd --zone=public --remove-masquerade

## Capítulo 22

Configuração de montagens remotas e FTP

O Protocolo de Transferência de Ficheiros (FTP) é um protocolo de Internet padrão para a transferência de ficheiros entre computadores na Internet através de ligações TCP/IP. Aqui vamos configurar o FTP utilizando o serviço vsftpd (FTP muito seguro) e carregar/descarregar ficheiros através da rede.

Noções básicas de configuração: Nome do pacote = *vsftpd* Porta predefinida = *21 tcp* Ficheiro de configuração = */etc/vsftpd/vsftpd.conf* Diretório raiz predefinido = */var/ftp/* Contexto SELinux = *public_content_rw_t* Nome do Daemon/Serviço = *vsftpd*

Configuração de uma caixa de depósito anónima FTP

[root@server0 ~]# yum install vsftpd -y [root@server0 ~]# vim /etc/vsftpd/vsftpd. conf
(Linha n.º 12,16,19,29)

\#   Permitir FTP anónimo? anonymous_enable=YES ...

\#   Descomente isto para permitir que os utilizadores locais iniciem sessão. local_enable=YES

...

Nota: Assumir que

IP do servidor = 172.25.0.11

IP do cliente = 172.25.0.10

\#   Descomente isto para ativar qualquer forma de comando de escrita FTP write_enable=YES

...

\#   Descomente isto para permitir que um utilizador anónimo escreva dados anon_upload_enable=YES
[root@server0 ~]# getsebool -a | grep ftp [root@server0 ~]# setsebool ftpd_anon_write on [root@server0 ~]# setsebool ftpd_full_access on [root@server0 ~]# systemctl restart vsftpd [root@server0 ~]# systemctl enable vsftpd [root@server0 ~]# firewall-cmd --add- service=ftp

O servidor FTP utiliza o diretório */var/ftp* como raiz do documento por defeito. Nesta diretoria, crie uma subdiretoria com o nome uploads (ou seja, */var/ftp/uploads*). Dê permissão *730* a */var/ftp/uploads* para definir as permissões correctas e defina o proprietário do grupo como o grupo ftp. Numa caixa de depósito anónima, os utilizadores podem escrever ficheiros, mas não os podem ler.

Aceder a partir do cliente,

[root@desktop0 ~]# yum install ftp -y [root@desktop0 ~]# ftp 172.25.0.11 Ligado a 172.25.0.11 (172.25.0.11).
220 (vsFTPd 3.0.2)
Nome (172.25.0.11:root): ftp
331 Especificar a palavra-passe.Palavra-passe:
230 Início de sessão bem sucedido. Remoto
o tipo de sistema é UNIX.
Utilizar o modo binário para transferir ficheiros.ftp>

Listagem de ficheiros ftp,

ftp> É
227 Entrar no modo passivo (172,31,49,176,244,22).
150 Aqui está a listagem do diretório.
            -rw-r--r--1   0   00 maio 21 08:48 ficheiro
            drwxr-xr-x2   0   06 Abr 01 04:55 pub
226 Envio de diretório OK.

Descarregar ficheiros do ftp,

ftp> obter ficheiro
local: ficheiro remoto: ficheiro
227 Entrar no modo passivo (172,31,49,176,87,41).
150 Abertura de ligação de dados em modo BINÁRIO para ficheiro (0 bytes).
226 Transferência concluída.ftp> !ls
abc.txt ficheiro anaconda-ks.cfg original-ks.cfg
(o símbolo "!" é utilizado para executar o comando no terminal)

Colocar ficheiros no ftp,

ftp> cd pub
250 Diretório alterado com sucesso.ftp> put abc.txt

local: abc.txt remoto: abc.txt
227 Entrar no modo passivo (172,31,49,176,173,212).
150 Ok para enviar dados.
226 Transferência concluída.
(Para carregar um ficheiro no ftp, é necessário ter permissão para carregar ficheiros)

## Capítulo 23

Configuração dos serviços de tempos

O protocolo de tempo de rede (NTP) sincroniza o tempo de um computador cliente ou servidor com outro servidor ou dentro de alguns milissegundos do Tempo Universal Coordenado (UTC). O Chrony é uma implementação flexível do Network Time Protocol (NTP). É utilizado para sincronizar o relógio do sistema a partir de diferentes servidores NTP, relógios de referência ou através de introdução manual. No SO Linux, utilizamos o serviço chrony para implementar o NTP. Segue-se o exemplo para sincronizar a hora de um sistema com o servidor NTP.

```
[root@server3 ~]# vim /etc/chrony.conf

        server 3.classroom.example.com

:wq

[root@server3 ~]# systemctl restart chronyd.service
[root@server3 ~]# systemctl enable chronyd.service
[root@server3 ~]# ntpdate -b classroom.example.com
16 Oct 00:06:54
ntpdate[2059]: step time server 172.25.254.254 offset -0.928404 sec
```

## Capítulo 24

Configuração do servidor Samba

O Samba é um conjunto de software de código aberto que funciona em plataformas baseadas em Unix/Linux, mas é capaz de comunicar com clientes Windows como uma aplicação nativa. Assim, o Samba é capaz de fornecer este serviço através da utilização do Common Internet File System (CIFS). É utilizado para partilha e diretório em diferentes sistemas operativos. O número de porta é 137 (NMB) e 139 (SMB).

Para um único utilizador

Servidor: -

```
#    yum install -y samba samba-client
#    mkdir /data
#    useradd aditya
#    passwd aditya
#    setfacl -m u:aditya:rwx /data
#    setenforce 0
#    getenforce
#    vim /etc/samba/smb.conf
```

[shift+G] -> [demo]
comment=public
caminho=/dados
gravável=sim
public=sim
navegável=sim
imprimível=não

read user=aditya

escrever utilizador=aditya
ler lista=aditya
escrever lista=aditya
valid user=aditya

```
#    toque em /dados/ficheiro{1..10}.txt
#    smbpasswd -a aditya
#    firewall-cmd - -add-service=samba - -permanent
#    firewall-cmd --reload
#    systemctl restart smb nmb
#    smbclient //172.25.4.11 /demo -u aditya
```

Ambiente de trabalho1:-

```
#    yum install -y samba samba-client
#    yum install -y cifs-utils
#    vim /etc/fstab
```

//172.25.4.11 /demo
/mnt cifs por defeito,
Nome de utilizador=aditya 00

```
#    montar -a
#    smbclient //172.25.4.11 /demo -u aditya
```

Permissão de utilizador local do lado do cliente para o mesmo utilizador
su - chetan
cifscreds add 172.25.4.11
É possível aceder ou obter permissão nesse ficheiro partilhado. (em vários utilizadores)
> O Samba partilha ficheiros de windows para linux ou de linux para linux. É utilizado para partilhar dados.

DAS (direct-attached storage) -> é um armazenamento digital diretamente ligado ao computador que lhe acede, por oposição ao armazenamento acedido através de uma rede informática.

Por exemplo, discos rígidos, discos ópticos, etc.

NAS (network attached storage) -> é um servidor de armazenamento de dados informáticos ao nível dos ficheiros ligado a uma rede informática que permite o acesso aos dados a grupos de clientes.
Por exemplo, NAS, CIFS, AFS, NFS, SAMBA, etc.
SAN (storage area network) -> é uma sub-rede de alta velocidade de dispositivos de armazenamento partilhados. É acedida pelas aplicações executadas em quaisquer servidores em rede.
Por exemplo, dispositivos baseados em disco, cassetes, RAID, hardware, ICSCI, etc.

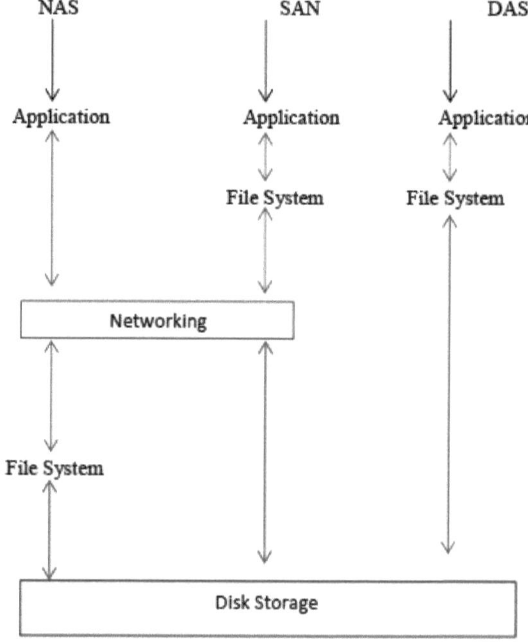

O DAS é um dispositivo de bloco de um disco que está fisicamente ligado à máquina anfitriã.
A SAN é um dispositivo de blocos que é fornecido através de uma rede.
O NAS é um sistema de ficheiros fornecido através de uma rede.

Para multiutilizadores: -

Servidor:-

```
#     yum install -y samba samba-client
#     useradd Aditya
#     useradd shubham
#     smbpasswd -a shubham
#     smbpasswd -a Aditya
#     vim /etc/samba/smb.conf
comment=público pessoal
caminho=sim
writable=yes browseable=yes write list=shubham read list=Aditya,shubham valid user=Aditya,shubham
#     mkdir /data
#     toque em /dados/ficheiro{1..10}.txt
#     setfacl -m u:Aditya:rwx /data
#     setfacl -m u:shubham:rwx /data
#     semanage fcontext -a -t samba_share_t "/data(/.*)?"
#     restorecon -RFV /data
#     firewall-cmd --reload
#     systemctl restart smb nmb
```

\#   smbclient //172.25.3.11 /demo -U Aditya (ou shubham)

Ambiente de trabalho1: -

\#   yum install -y samba-client cifs-utils

\#   vim /etc/fstab

```
//172.25.3.11 /demo
/mnt cifs defaults,multiuser,credential=/root/cred.txt 00
```

\#   vim /root/cred.txt

```
Nome de utilizador=Aditya
Palavra-passe=Aditya
Nome de utilizador=shubham
Palavra-passe=shubham
```

\#   montar -a

\#   smbclient //172.25.3.11 /demo -U Aditya (ou shubham)

## Capítulo 25

Configuração do servidor DHCP

O DHCP (Dynamic Host Configuration Protocol) é utilizado para atribuir endereços IP a máquinas anfitriãs na rede. O número de pólo é 67, 68.

Funcionamento do servidor DHCP: -

Processo DORA (Discover Offer Request Allocate) → firewall ativado em ambos os servidores.

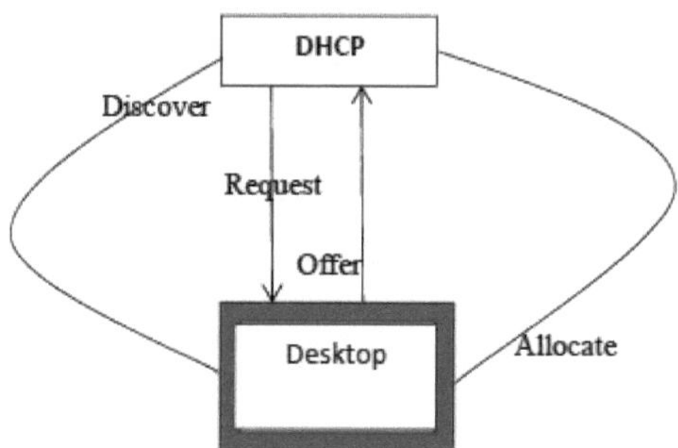

Ambiente de trabalho 1: -

\#   yum install -y dhcp dhcp-libs

\#vim /etc/dhcp/dhcpd.conf

```
sub-rede 191.168.0.0
máscara de rede 255.255.255.0
{
Intervalo 191.168.0.10 191.168.0.50;
}
```

\#   nmtui

\#   systemctl restart network-manager

\#   systemctl restart dhcpd

\#   systemctl enable dhcpd

\#   firewall-cmd --add-services=dhcp --permanent

\#firewall-cmd --reload

Servidor1:-

\#   systemctl restart network_manager

\#ifconfig

Avanço: -DESKTOP **SERVER**

             \# cat

Adicionar campos no ficheiro de configuração:-

/etc/resolv.conf

opções nome-do-dominio-servidores 192.168.0.11;

opções de nome de domínio "server1.demo.com";

\#hostnamectl set-hostname "server1.demo.com"

\#Systemctl restart dhcpd

## Capítulo 26

Configuração do servidor NFS

NFS (Network File System) é utilizado para partilhar ficheiros e directórios. O número da porta é 111.

Servidor:-

\#   yum install -y nfs-utils rpcbind

\#   mkdir /restore11

\#   toque em /restore11/ficheiro{1..10}.txt

\#   vim /etc/exports

```
(para solteiros)
/restorell 172.25.0.10 (rw,sync)
(para vários)
/restorell *(ro,sync)
/restore11 172.25.5.10 (ro,sync)
172.25.5.11 (rw,sync)
/restore11 172.25.0.0 (rw,sync)
```

\#   systemctl restart nfs

\#   firewall-cmd --add-services={nfs,mountd,rpc-bind} --permanent

\#   firewall-cmd --reload

\#   exportações

Ambiente de trabalho 1: -

\#   mkdir /add

\#vim /etc/fstab

172.25.0.11: /restore11

/add nfs defaults 00

\#   montar -a

\#   ls /add

## Capítulo 27

Configuração do servidor FTP

O FTP (File Transfer Protocol) partilha ficheiros na rede. O número da porta é 20 (dados) e 21 (controlo). O utilizador do FTP é um utilizador do sistema e é designado por utilizador jail break.

Servidor:-

```
#    yum install -y vsftpd
#    vim /etc/vsftpd/vsftpd.conf
```

```
(Na linha nº 29)
anon_upload_enable=yes
```

```
#    getsebool -a | grep ftp
#    setsebool ftpd_anon_write on
#    setsebool ftpd_full_access on
#    toque em /var/ftp/file{1..10}
#    mkdir /var/ftp/add
#    chmod 777 /var/ftp/add
#    yum install -y ftp
#    firewall-cmd --add -service=ftp -permanent
#    firewall-cmd --reload
#    systemctl start vsftpd
#    systemctl enable vsftpd
#    ftp localhost
ftp>ls
ftp>! (mostra o sistema de raiz)
```

Ambiente de trabalho 1: -

```
#    yum install -y ftp
#    ftp 172.25.2.11
ftp>ls
```

É possível aceder aos ficheiros criando um utilizador no servidor. O utilizador pode aceder a esses ficheiros. Mas altere primeiro o caminho e o caminho atual do sistema. O utilizador ftp acede aos ficheiros ftp, locais para o utilizador local.

Downolad -> get, mget

Upload -> put, mput

getsebool => mostra a política booleana

```
#    vim /etc/vsftpd/ftpusers        (nesse ficheiro o utilizador não pode entrar no ftp)
#    vim /etc/vsftpd/user_list        (nesse ficheiro o utilizador não pode iniciar sessão no ftp, não pode pedir
palavra-passe)
```

## Capítulo 28

Configuração do servidor HTTP

O HTTP (Hyper Text Transfer Protocol) é também designado por servidor Web básico. É utilizado para fornecer serviços Web. O número da porta é 80.

Servidor:-

\#   yum install -y httpd

\#   vim/etc/httpd/conf.d/demo.conf

```
<virtualhost *:80>
Nome do servidor "server1.example.com
Raiz do documento "/var/www/html"
</virtualhost>
<diretório /var/www/html>
exigir que todos os concedidos
</diretório>
```

\#   vim /var/www/html/index.html

\#   h2> o meu nome é gogo </h2>

\#   systemctl restart httpd

\#   systemctl enable httpd

(Abra o firefox e digite url localhost ou escreva)

\#   curl localhost

<u>Para o servidor Web alargado: -</u>

\#   firewall-cmd --add-service --permanent

\#   firewall-cmd --reload

\#   mkdir /var/www/html/add/index.html

\#   h2> Sou certificado pela redhat </h2>

\#   systemctl restart httpd

[para o cliente, podem aceder introduzindo o endereço IP desse sistema]

\#   172.25.1.11 ou#   172.25.1.11/add

## Capítulo 29

Configuração do Maria DB e do servidor MySQL

Maria db (base de dados) e MySQL (Structured Querry Language) é chamada de coleção de base de dados. O número da porta é 3306.

```
#     yum install -y mariadb-server
#     systemctl start mariadb
#     systemctl enable mariadb
#     mysql_secure_installation
#     mysql -h localhost -u root(nome de utilizador) -p 12345(palavra-passe)
```

mariaDB [(nenhum)]> mostrar bases de dados;

mariaDB [(nenhum)]>criar base de dados adi;

mariaDB [(nenhum)]>utilizar adi;

mariaDB [(adi)]>create table table1(roll_no int(5),name varchar(10),course varchar(10));

mariaDB [(adi)]>insert into table1 value(1," aditya", "bcca");

mariaDB [(adi)]>select * from table1;

mariaDB [(adi)]>quit

mariaDB [(nenhum)]>quit (prima enter)

<u>Para fazer uma cópia de segurança para um ficheiro: -</u>

```
#     mysqldump -h localhost -u root -p 12345 adi > /backup
#cat /backup
```

<u>Cópia de segurança apenas do esquema, sem dados de cópia de segurança (estrutura): -</u>

```
#     mysqldump --no-data --databases adi -u root -p 12345 > /no_data
#cat /no_data
```

<u>a cópia de segurança apenas mostra os dados e não o esquema: -</u>

```
#     mysqldump --no-craete-info --databases adi -u root -p 12345 > /struct
#     cat /struct
```

<u>Restaurar bases de dados</u>

mysql -h localhost -u root -p 12345

mariaDB [(nenhum)]>utilizar adi;

mariaDB [(adi)]>mostrar tabelas;

mariaDB [(adi)]>drop tables table1

mariaDB [(adi)]>quit

mariaDB [(nenhum)]>quit (prima enter)

```
#     mysql -u root -p 12345 adi < /backup
```

Acesso do lado do cliente: -

Servidor:-

```
#     yum install -y mariadb-server
#     systemctl start mariadb
#     systemctl enable mariadb
#     mysql_secure_installation
#     firewall-cmd --add-service=mysql --permanent
#     firewall-cmd --reload
#     mysql -h localhost -u root -p 12345
```

mariaDB [(none)]>criar utilizador wallabh@172.25.2.10 identificado por "123456";

mariaDB [(none)]>conceder todos os privilégios em adi * a wallabh@172.25.2.10;

mariaDB [(nenhum)]>quit

```
#     systemctl restart mariadb
```

Ambiente de trabalho 1: -

```
#     yum install -y mariadb-server
#     systemctl start mariadb
#     systemctl enable mariadb
#mysql -h 172.25.2.11 -u wallabh -p 123456
```

Capítulo 30

Configuração do servidor DNS

O DNS (Domain Name Server) é utilizado para resolver e converter o nome de domínio em endereço IP.

Zona de avançoZona de inversão

Servidor0 172.25.0.11   N I 172.25.0.11

REGISTOS

1.   SOA -> Início do registo de autoridade.

Primeiro registo (regras/detalhes relacionados com o sistema).

2.   NS -> Servidor de nomes (resolve o nome de domínio da máquina anfitriã principal.

3.   A ->IPV4 (Nome de domínio para IPV4 resolver).

4.   AAAA -> Registo Quadra A (IPV6).

5.   CNAME -> Nome Colonial (resolve com o mesmo IP com nome de domínio).

6.   PTR -> Registo de ponteiro (IPV4 para nome de domínio (inverso)).

7.   MX -> Registo do servidor de correio eletrónico.

Tipos: -

1. Master - servidor DNS principal.

2. Slave - servidor DNS escravo (dados em formato comprimido).

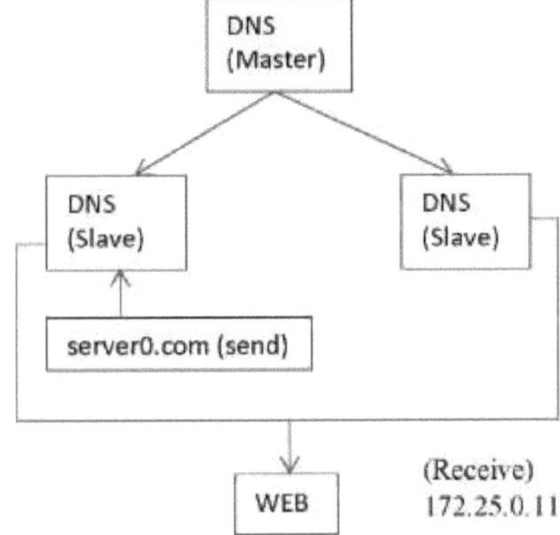

3. Cache DNS: - (pacote bind-chroot)

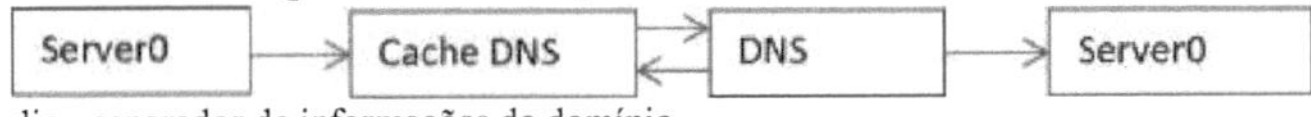

dig - separador de informações de domínio.

Servidor:-

yum install bind bind-utils -y

nmtui (adicionar Ethernet)

IP - 192.168.0.11/24

gw - 192.168.0.1

#nmtui (ativo)

#hostname set-hostname demo.com

#vim /etc/named.conf

escuta na porta 53 {127.0.0.1; 192.168.0.11; };

allow querry {localhost;any;};

(Forward) -> zona "demo.com" IN{ type master;

ficheiro "demo_fwd";

allow-update{none;};

};

IN{
tipo mestre;
ficheiro "rev-demo";
permitir atualização {nenhuma;};
};
(avançar) ->
\#   cp -avfP /var/named/named.localhost /var/named/demo_fwd
\#   vim /var/named/demo_fwd
em SOA master.demo.com root.demo.com.( ) demo.com em NS master.demo.com master.demo.com em A
192.168.0.11 google INA 192.168.0.100 fb IA 10.50.0.100
facebook em CNAME fb.demo.com
\#   systemctl restart named
\#   systemctl enable named
\#   vim /etc/resolv.conf -> servidor de nomes 192.168.0.11
\#   nslookup master.demo.com
\#   dig fb.demo.com
\#   firewall-cmd --add-service=dns --permanent
\#   firewall-cmd --reload
(Inverter) ->
\#   cp -avfP /var/named/named.lookup /var/named/demo_rev
\#   vim /var/named/ demo_rev
em SOA master.demo.com root.demo.com.( )
em NS master.demo.com
11 em PTR master.demo.com
100 em PTR google.demo.com
200 em PTR cliente.demo.com
\#   systemctl restart named
\#   systemctl enable named

Ambiente de trabalho 1: -

\#   nmtui
adicionar/editar -> eth0
IP - 192.168.0.10/24 gw - 192.168.0.1
\#   nmtui -> ativo
\#   vim /etc/resolv.conf -> servidor de nomes 192.168.0.11
\#   nslookup master.demo.com
\#   dig fb.demo.com

## Capítulo 31

Configuração do servidor ISCSI

A ISCSI (nternet Small Computer System Interface), tal como a SAN, é utilizada para partilhar partições através da rede. O número da porta é 3260. Demos um nome à partição chamado bloco ou iqn (ICSCI Qualified Name).

Servidor:-

```
#    yum install -y targetcli
#    fdisk /dev/vdb (criar partição)
.t
.83
#    systemctl start target
#    systemctl enable target
#    lsblk
#targetcli
/> cd backstares
/backstares> cd block
/backstares>criar nome=blk1 dev=/dev/vdb1
/backstares>cd iscsi
/iscsi>create iqn.2020-01.com.example:target1
/iscsi>ls
/iscsi>cd iqn.2020-01.com.example:target1/tgp/acls
/acls>criar iqn.2020-01.com.example:cliente1
/acls>cd ...
/acls>cd luns
/luns>criar /backstares/block/blk1
/acls>cd ...
/acls>cd portals
/portals>criar 0.0.0.0
/portals>saída
#    systemctl restart target
#    systemctl enable target
#    firewall-cmd --add-port=3260/tcp
```

Ambiente de trabalho 1: -

```
#    yum install -y iscsi-initiator-utils
#    vim /etc/initiatorname.iscsi
nome do iniciador=iqn.2020-02.com.exemplo:cliente1
#    systemctl start iscsi
#    iscsiadm -m discovery -t st -P 172.25.0.11
#    iscsiadm -m node -T iqn.2020-01.com.example:target1 -P 172.25.0.11 -l
#    lsblk
#    mkfs.xfs /dev/sda
(e depois montá-lo)
```

## Capítulo 32

Configuração do servidor Nginx

O Nginx, pronunciado como "engine-ex", é um servidor Web de código aberto que, desde o seu sucesso inicial como servidor Web, é agora também utilizado como proxy inverso, cache HTTP e equilibrador de carga.

```
#    yum install nginx
#    firewall-cmd --permanent --add-port={80/tcp,443/tcp}
#    firewall-cmd --reload
#    systemctl enable nginx
#    systemctl start nginx
#    yum list installed nginx
#    firewall-cmd --list-ports
#    systemctl is-enabled nginx
```

## Capítulo 33

Configuração do servidor Apache TOMCAT

O Apache Tomcat é um contentor Java Servlet desenvolvido pela Apache que lhe permite implementar servlets Java e JSPs. O Apache Tomcat também funciona como um servidor Web, capaz de suportar sítios Web de pequena e média dimensão.

```
#     yum install tomcat
#     yum install tomcat-webapps tomcat-admin-webapps tomcat-docs-webapp tomcat-javadoc
#     systemctl stop httpd
#     systemctl start tomcat
#     systemctl enable tomcat
#     vim /usr/share/tomcat/conf/tomcat-users.xml
```

<user username="[username]" password="[password]" roles="manager-gui,admin-gui"/> <tomcat-users>
<user username="jdoe" password="En4EW25eI0" roles="manager-gui,admin-gui"/>

```
#     systemctl restart tomcat
```

Sendmail é um MTA (Mail Transfer Agent) rico em recursos que usa o protocolo SMTP para enviar e-mails. Embora o Sendmail tenha sido substituído pelo postfix nas versões modernas do RHEL, ele é amplamente usado no RHEL 5 ou em sua versão anterior. O Sendmail é recomendado pela maioria dos administradores de sistemas como um servidor MTA (Mail Transfer Agent) em vez de outros MTAs.

```
#yum install epel-release
#yum install sendmail sendmail-cf m4 -y
#rpm -qa | grep sendmail
#vim /etc/mail/sendmail.mc
definef SMART_HOST', ' smtp.gmail.com')dnl
```

Nota: Defina o seu nome de anfitrião SMTP acima

#Adicione as duas linhas abaixo no seu arquivo sendmail.mc para escutar nas portas 465 e 587:

```
define('RELAY_MAILER_ARGS', 'TCP $h 587')dnl
define('ESMTP_MAILER_ARGS', 'TCP $h 587')dnl
#Descomente as linhas abaixo:
TRUST_AUTH_MECH('EXTERNAL DIGEST-MD5 CRAM-MD5 LOGIN PLAIN')dnl
define('confAUTH_MECHANISMS', 'EXTERNAL GSSAPI DIGEST-MD5 CRAM-MD5 LOGIN PLAIN')dnl
#Adicionar as linhas abaixo:
FEATURE('authinfo', 'hash /etc/mail/auth/client-info.db')dnl
FEATURE('access_db', 'hash -T<TMPF> -o /etc/mail/access.db')dnl
DAEMON_OPTIONS('Port=smtp, Name=MTA')dnl
#Não-comente para que o Sendmail escute na porta 587
DAEMON_OPTIONS('Port=submission, Name=MSA, M=Ea')dnl
#Não-comente para que o Sendmail escute na porta 587
DAEMON_OPTIONS('Port=smtps, Name=TLSMTA, M=s')dnl
#Mencione o seu domínio e não comente
MASQUERADE_AS('mydomain.com')dnl
```

Guardar e sair do ficheiro.

```
#mkdir /etc/mail/auth
#cd /etc/mail/auth
```

Criar um novo ficheiro client-info e abaixo de auth no ficheiro.

```
#vim cliente-info
AuthInfo:gmail.com "U:username" "P:password" "M:PLAIN"
AuthInfo: "U:nome de utilizador" "P:palavra-passe" "M:PLAIN
makemap -r hash client-info.db < client-info
```

Adicione o seu IP de retransmissão

```
#vim /etc/mail/access
```

Conectar: [your-ip] RELAY

```
#     Consulte o ficheiro /usr/share/doc/sendmail/README.cf para obter uma descrição
#     do formato deste ficheiro. (procurar por access_db nesse ficheiro)
#     O ficheiro /usr/share/doc/sendmail/README.cf faz parte do sendmail-doc
```

#	pacote.
#	Se pretender utilizar o AuthInfo com "M:PLAIN LOGIN", certifique-se de que tem a opção
#	pacote cyrus-sasl-plain instalado.
#	Por defeito, permitimos a retransmissão a partir do localhost...
Ligar:localhost.localdomain RELAY
Ligar:localhost RELAY
Ligação:127.0.0.1 RELAY
Atualizar a configuração do Sendmail compilando o ficheiro **/etc/mail/s endmail. me** utilizando o processador de macros m4.
#m4 /etc/mail/sendmail.mc > /etc/mail/sendmail.cf
OU
#make -C /etc/mail
Depois de ter recompilado, reinicie o serviço utilizando o comando abaixo.
service sendmail restart
#sendmail -v mymailid@.gmail.com

## Capítulo 34

Pesquisa e ordenação de ficheiros
Pesquisa

Cartões selvagens: -

? - Pesquisa de ficheiros com um só carácter

* - Inicial ou carácter único ou podemos dizer 0 para todas as pesquisas.

[] - Intervalo do número de caracteres.

Ex. -> #ls ?ile

#ls f*

#ls **[Aa][1..2]**

1.   Mostrar pacote em um número **#yum list all | wc -l**
2.   Mostrar o download de pacotes RPM em um número **#rpm -qa | wc -l**
3.   Listar os ficheiros de pacotes relacionados **#yum list all | grep <packagename>**

A pesquisa de ficheiros é relativamente fácil quando se utiliza uma GUI. Mas em certos ambientes, como os servidores sem GUI, é necessário procurar ficheiros utilizando a linha de comandos.

Localizar comando: -

Existe um comando poderoso no Linux que o ajuda a procurar ficheiros e pastas chamado find. Neste artigo, discutiremos o comando find com alguns exemplos.

O que é o comando find no Linux?

O comando find permite-lhe procurar eficazmente ficheiros, pastas e dispositivos de caracteres e blocos. Abaixo está a sintaxe básica do comando find:

find /path/ -type f -name ficheiro a pesquisar **Onde,**

•   **/path** é o caminho onde se espera que o ficheiro seja encontrado. Este é o ponto de partida para procurar ficheiros. O caminho também pode ser /ou . que representam o diretório raiz e o diretório atual, respetivamente.

•   **-type** representa os descritores de ficheiros. Podem ser qualquer um dos seguintes:

•   f - **Ficheiro normal**, como ficheiros de texto, imagens e ficheiros ocultos.

•   d - **Diretório**. Estas são as pastas que estão a ser consideradas.

•   l - **Ligação simbólica**. As ligações simbólicas apontam para ficheiros e são semelhantes aos atalhos.

•   c - **Dispositivos de caracteres**. Os ficheiros que são utilizados para aceder a dispositivos de caracteres são designados por caracteres

ficheiros de dispositivos. Os controladores comunicam com dispositivos de caracteres através do envio e receção de caracteres únicos (bytes, octetos). Os exemplos incluem teclados, placas de som e ratos.

•   b - **Dispositivos de bloco**. Os ficheiros que são utilizados para aceder a dispositivos de bloco são designados por ficheiros de dispositivo de bloco. Os controladores comunicam com os dispositivos de bloco enviando e recebendo blocos inteiros de dados. Exemplos incluem USB, CD-ROM

•   -name é o nome do tipo de ficheiro que pretende pesquisar.

Exemplos do comando find

Agora que já conhecemos a sintaxe do comando find, vamos ver alguns exemplos.

Como pesquisar ficheiros por nome ou extensão

Suponhamos que precisamos de encontrar ficheiros que contenham "style" no seu nome. Usaremos este comando:

#find . -type f -name style*

Agora, digamos que queremos encontrar ficheiros com uma extensão específica, como .html. Modificaremos o comando desta forma:

#find . -type f -name *.html

Como pesquisar ficheiros ocultos

Os ficheiros ocultos são representados por um ponto no início do nome do ficheiro. Estão normalmente escondidos, mas podem ser vistos com ls -a no diretório atual.

Podemos modificar o comando find como mostrado abaixo para procurar ficheiros ocultos.

#find . -type f -name ".*"

Como pesquisar ficheiros de registo e ficheiros de configuração

Os ficheiros de registo têm normalmente a extensão .log, e podemos encontrá-los desta forma: ^#find . -type f -name "*.log"**

Da mesma forma, podemos procurar por ficheiros de configuração como este: **#find . -type f -name " *.conf'**

Como pesquisar outros ficheiros por tipo

Podemos procurar ficheiros de blocos de caracteres fornecendo c a -type:

#find / -type c

Da mesma forma, os ficheiros de blocos de dispositivos podem ser encontrados utilizando b:

#find / -type b

Como pesquisar directórios

No exemplo abaixo, estamos a encontrar as pastas com o nome lib. Note que estamos a utilizar -type d.

#find . -type d -name "lib*"

Como pesquisar ficheiros por tamanho

Uma utilização incrivelmente útil do comando find é listar ficheiros com base num determinado tamanho.

#find / -size +250MB

Aqui, estamos a listar ficheiros cujo tamanho excede os 250MB

Outras unidades incluem:

* G: Gigabytes.
* M: Megabytes.
* K: Kilobytes
* b : bytes.

Basta substituir <Tipo de unidade> pela unidade relevante.

#find <directory> -type f -size +N<Unit Type>

Como pesquisar ficheiros por hora de modificação

#find /path -name "*.txt" -mtime -10

* **-mtime +10** significa que está à procura de um ficheiro modificado há 10 dias.
* **-mtime -10** significa menos de 10 dias.
* **-mtime 10** Se saltar + ou - significa exatamente 10 dias.

Comando de localização: -

Procurar ficheiros por nome.

Opções: -

* -i -> ignorar caso.
* -c -> contagem
* -l -> definir limite

Por exemplo. **#updatedb #locate -l 55 root #locate -i root**

Ordenação

1>O comando Uniq: - Remove linhas duplicadas, mas tem uma desvantagem: remove linhas contínuas duplicadas.

Sintaxe : - uniq <opção> <ficheiro de entrada> <ficheiro de saída>

Opções:-

* **-c - -count :** Indica o número de vezes que uma linha foi repetida, apresentando um número como prefixo da linha.
* **-d - - -repeated :** Imprime apenas as linhas repetidas e não as linhas que não são repetidas.
* **-D - -all-repeated[=METHOD] :** Imprime todas as linhas duplicadas e METHOD pode ser qualquer um dos seguintes:
* **none :** Não delimitar linhas duplicadas de todo. Esta é a predefinição.
* **prepend :** Insere uma linha em branco antes de cada conjunto de linhas duplicadas.
* **separar :** Inserir uma linha em branco entre cada conjunto de linhas duplicadas.
* **-f N - -skip-fields(N) :** Permite-lhe saltar N campos (um campo é um grupo de caracteres, delimitado por espaço em branco) de uma linha antes de determinar a singularidade de uma linha.
* **-i - -ignore case :** Por defeito, as comparações efectuadas são sensíveis a maiúsculas e minúsculas, mas com esta opção podem ser feitas comparações não sensíveis a maiúsculas e minúsculas.
* **-s N - -skip-chars(N) :** Não compara os primeiros N caracteres de cada linha enquanto determina a singularidade. Isto é como a opção -f, mas ignora caracteres individuais em vez de campos.
* **-u - -unique :** Permite-lhe imprimir apenas linhas únicas.
* **-z - -zero-terminated : Faz** com que uma linha termine com 0 bytes (NULL), em vez de uma nova linha.
* **-w N - -check-chars(N) :** Compara apenas N caracteres numa linha.

- **--help** : Apresenta uma mensagem de ajuda e sai.
- **--version** : Apresenta informações sobre a versão e sai.

Exemplos de uniq com opções

1. Utilizando a opção -c : Indica o número de vezes que uma linha foi repetida.

//usando uniq com -c//

#uniq -c kt.txt

3 Adoro música.

1

2   Adoro a música de Kartik.

1

1.   Obrigado.

/*no início de cada

linha o seu número repetido é

apresentado*/

2.   Utilizando a opção -d : Imprime apenas as linhas repetidas.

//utilizando uniq com -d//

#uniq -d kt.txt

Gosto muito de música.

Adoro a música de Kartik.

//apresentava apenas uma linha duplicada por grupo//

3.   Usando a opção -D : Também imprime apenas linhas duplicadas, mas não uma por grupo.

//usando a opção -D//

#uniq -D kt.txt

Gosto muito de música.

Gosto muito de música.

Gosto muito de música.

Adoro a música de Kartik.

Adoro a música de Kartik.

// todas as linhas duplicadas são apresentadas//

4.   Usando a opção -u : Imprime apenas as linhas únicas.

//usando a opção -u//

#uniq -u kt.txt

Obrigado.

//apenas as linhas únicas são apresentadas//

5.   Usando a opção -f N : Como dito acima, isso permite que os campos N sejam ignorados enquanto se compara a singularidade das linhas. Esta opção é útil quando as linhas são numeradas como mostra o exemplo abaixo:

//exibição do conteúdo de f1.txt//

#cat f1.txt

1.   Eu adoro música.

2.   Eu adoro música.

3.   Adoro a música de Kartik.

4.   Adoro a música de Kartik.

//agora usando uniq com a opção -f N//

$uniq -f 2 f1.txt

1. Gosto de música.

3. Adoro a música de Kartik.

//2 é utilizado porque precisamos de comparar as linhas após a numeração 1,2... e após os pontos//

6.   Utilizar a opção -s N : Esta opção é semelhante à opção -f N mas salta N caracteres mas não N campos.

//apresentação do conteúdo de f2.txt//

$cat f2.txt

#%@Eu adoro música.

л
&(1 adora música.

*-Obrigado.
#%@!obrigado.
//agora usando a opção -s N//
$uniq -s 3 f2.txt
#%@Eu adoro música.
*-Obrigado.
#%@!obrigado.
//linhas iguais depois de saltar3 caracteres são filtradas//
7.   Usando a opção -w: Semelhante à forma de saltar caracteres, também podemos pedir ao uniq para limitar a comparação a um número definido de caracteres. Para isso, a opção de linha de comando -w é usada.
//apresentação do conteúdo de f3.txt//
$cat f3.txt
Como é que isso é possível?
Como é que isso pode ser feito?
Como o utilizar?
//agora usando a opção -w//
$uniq -w 3 f3.txt
Como
/*como os primeiros 3 caracteres de todas as 3 linhas são os mesmos, é por isso que o uniq tratou-os como duplicados e deu saída
em conformidade,*/
8.   Utilização da opção -i : É utilizada para tornar a comparação insensível a maiúsculas e minúsculas.
//exibição do conteúdo de f4.txt//
$cat f4.txt
EU GOSTO DE MÚSICA
adoro música
OBRIGADO
//utilizando o comando uniq//
$uniq f4.txt
EU GOSTO DE MÚSICA
adoro música
OBRIGADO
//as linhas não são tratadas como duplicadas com a simples utilização de uniq//
//agora usando a opção -i//
$uniq -i f4.txt
EU GOSTO DE MÚSICA
OBRIGADO
//agora a segunda linha é removida quando a opção -i é usada//
9.   Usando a opção -z : Por padrão, a saída que o uniq produz é terminada em nova linha. No entanto, se você quiser, você quer ter uma saída terminada em NULL (útil ao lidar com uniq em scripts). Isso pode ser possível usando a opção de linha de comando -z.
Sintaxe:
//sintaxe de utilização do uniq com a opção -z//
$uniq -z nome-do-ficheiro
2>Comando grep:- O filtro grep procura num ficheiro um determinado padrão de caracteres e apresenta todas as linhas que contêm esse padrão. O padrão que é pesquisado no ficheiro é referido como a expressão regular (grep significa pesquisa global para expressão regular e impressão).
Sintaxe:- *grep [opções] padrão [ficheiros]*
Opções:-
- -c : Imprime apenas uma contagem das linhas que correspondem a um padrão
- -h : Mostra as linhas correspondentes, mas não mostra os nomes dos ficheiros.
- -i : Ignora, caso para correspondência
- -l : Apresenta apenas uma lista de nomes de ficheiros.
- -n : Apresenta as linhas emparelhadas e os respectivos números de linha.

- -v : Imprime todas as linhas que não correspondem ao padrão
- -e exp : Especifica a expressão com esta opção. Pode ser utilizada várias vezes.
- -f ficheiro : Obtém padrões do ficheiro, um por linha.
- -E : Trata o padrão como uma expressão regular alargada (ERE)
- -w : Corresponder a palavra inteira
- -o : Imprime apenas as partes correspondentes de uma linha correspondente, com cada uma dessas partes numa linha de saída separada.
- -A n : Imprime a linha procurada e as n linhas após o resultado.
- -B n : Imprime a linha procurada e a linha n antes do resultado.
- -C n : Imprime a linha procurada e as n linhas seguintes antes do resultado.

Exemplos de comandos

Considere o ficheiro abaixo como entrada.

$cat > geekfile.txt

unix é um ótimo sistema operativo. unix foi desenvolvido nos laboratórios Bell.

aprender o sistema operativo.

Unix linux qual deles escolher.

O uNix é fácil de aprender.O unix é um sistema operativo multiutilizador.Aprender unix .O unix é um sistema operativo poderoso.

1. Pesquisa sem distinção entre maiúsculas e minúsculas : A opção -i permite procurar uma cadeia de caracteres sem distinção entre maiúsculas e minúsculas no ficheiro fornecido. Ela corresponde a palavras como "UNIX", "Unix", "unix".

#grep -i "UNix" geekfile.txt

Saída:

unix é um ótimo sistema operativo. unix foi desenvolvido nos laboratórios Bell.

Unix linux qual deles escolher.

O uNix é fácil de aprender.O unix é um sistema operativo multiutilizador.Aprender unix .O unix é um poderoso...

2. Mostrar a contagem do número de correspondências : Podemos encontrar o número de linhas que correspondem à cadeia/padrão dada.

#grep -c "unix" geekfile.txt

Saída:

2

3. Mostrar os nomes dos ficheiros que correspondem ao padrão : Podemos apenas mostrar os ficheiros que contêm a string/padrão dado.

#grep -l "unix" *

ou

#grep -l "unix" f1.txt f2.txt f3.xt f4.txt

Saída:

geekfile.txt

4. Verificando as palavras inteiras em um arquivo : Por padrão, grep combina a string/padrão dado mesmo se ele for encontrado como uma substring em um arquivo. A opção -w do grep faz com que ele combine apenas as palavras inteiras.

#grep -w "unix" geekfile.txt

Saída:

unix é um ótimo sistema operativo. unix foi desenvolvido nos laboratórios Bell.

O uNix é fácil de aprender.O unix é um sistema operativo multiutilizador.Aprender unix .O unix é um sistema operativo poderoso.

5. Exibindo apenas o padrão encontrado : Por padrão, o grep exibe a linha inteira que tem a string encontrada. Podemos fazer com que o grep exiba apenas a string correspondente usando a opção -o.

#grep -o "unix" geekfile.txt

Saída:

unix

unix

unix

unix

unix
unix
6. Mostrar o número da linha ao apresentar a saída utilizando grep -n : Para mostrar o número da linha do ficheiro com a linha correspondente.

#grep -n "unix" geekfile.txt

Saída:

1:unix é um ótimo sistema operativo. unix é um sistema operativo livre.

4:uNix é fácil de aprender.unix é um sistema operativo multiutilizador.Aprender unix .unix é um poderoso.

7. Inverter a correspondência de padrões: Pode apresentar as linhas que não correspondem ao padrão de cadeia de pesquisa especificado utilizando a opção -v.

#grep -v "unix" geekfile.txt

Saída:

aprender o sistema operativo.

Unix linux qual deles escolher.

8. Correspondência das linhas que começam com uma cadeia de caracteres: O padrão de expressão regular[1] especifica o início de uma linha. Isto pode ser utilizado no grep para fazer corresponder as linhas que começam com a cadeia ou padrão dado.

#grep " ^ unix" geekfile.txt

Saída:

unix é um ótimo sistema operativo. unix é um sistema operativo livre.

9. Correspondência das linhas que terminam com uma string : O padrão de expressão regular $ especifica o fim de uma linha. Isto pode ser usado no grep para fazer corresponder as linhas que terminam com a string ou padrão dado.

#grep "os$" geekfile.txt

10. especifica a expressão com a opção -e. Pode ser utilizada várias vezes :

#grep -e "Agarwal" -e "Aggarwal" -e "Agrawal" geekfile.txt

11. Opção -f file Obtém padrões do ficheiro, um por linha.

#cat pattern.txt

Saída:

Agarwal

Aggarwal

Agrawal

#grep -f pattern.txt geekfile.txt

12. Imprimir n linhas específicas de um ficheiro: -A imprime a linha pesquisada e n linhas após o resultado, -B imprime a linha pesquisada e n linhas antes do resultado, e -C imprime a linha pesquisada e n linhas após e antes do resultado.

Sintaxe:

#grep -A[NumberOfLines(n)] [search] [file]

#grep -B[NumberOfLines(n)] [search] [file]

#grep -C[NumberOfLines(n)] [search] [file]

Exemplo:

#grep -A1 aprender geekfile.txt

Saída:

aprender o sistema operativo.

Unix linux qual deles escolher.

-

O uNix é fácil de aprender.O unix é um sistema operativo multiutilizador.Aprender unix .O unix é um sistema operativo poderoso.

(Imprime a linha procurada juntamente com as n linhas seguintes (aqui n = 1 (A1)).

(Imprime cada ocorrência da linha encontrada, separando cada saída por --)

(O padrão de saída permanece o mesmo para -B e -C, respetivamente)

Unix linux qual deles escolher.

-

O uNix é fácil de aprender.O unix é um sistema operativo multiutilizador.Aprender unix .O unix é um sistema operativo poderoso.

Unix linux qual deles escolher.

-

O uNix é fácil de aprender.O unix é um sistema operativo multiutilizador.Aprender unix .O unix é um sistema operativo poderoso.

13. Procurar recursivamente por um padrão no diretório: -R imprime o padrão procurado no diretório dado recursivamente em todos os ficheiros.

Sintaxe

#grep -R [Pesquisa] [diretório]

Exemplo :

#grep -iR geeks /home/geeks

Saída:

./geeks2.txt:Bem, olá Geeks

./geeks1.txt:Sou um grande geek

-i para procurar uma cadeia de caracteres sem distinção entre maiúsculas e minúsculas

-R para verificar recursivamente todos os ficheiros no diretório.

3>SED:- O comando SED no UNIX significa editor de fluxo e pode executar muitas funções no ficheiro, como procurar, localizar e substituir, inserir ou eliminar. Embora a utilização mais comum do comando SED no UNIX seja a substituição ou a procura e substituição. Ao utilizar o SED, é possível editar ficheiros mesmo sem os abrir, o que é uma forma muito mais rápida de encontrar e substituir algo num ficheiro do que abrir esse ficheiro no VI Editor e depois alterá-lo.

O SED é um poderoso editor de fluxo de texto. Pode fazer inserção, eliminação, pesquisa e substituição (substituição).

O comando SED em unix suporta expressões regulares que lhe permitem efetuar uma correspondência de padrões complexa.

Sintaxe:- *sed OPÇÕES... [SCRIPT] [INPUTFILE...]*

Exemplo:

Considere o ficheiro de texto abaixo como entrada.

#cat > geekfile.txt

unix é um ótimo sistema operativo. unix é opensource. unix é um sistema operativo livre.

aprender o sistema operativo.

unix linux qual deles escolher.

O unix é fácil de aprender.O unix é um sistema operativo multiutilizador.Aprender unix .O unix é um sistema operativo poderoso.

Exemplos de comandos

1   Substituindo ou substituindo string : O comando sed é usado principalmente para substituir o texto em um arquivo. O comando sed simples abaixo substitui a palavra "unix" por "linux" no ficheiro.

#sed 's/unix/linux/' geekfile.txt

Saída :

linux é um ótimo sistema operativo. unix é opensource. unix é um sistema operativo livre.

aprender o sistema operativo.

linux linux qual deles escolher.

O linux é fácil de aprender.O unix é um sistema operativo multiutilizador.Aprender unix .O unix é um sistema operativo poderoso.

Aqui o "s" especifica a operação de substituição. Os "/" são delimitadores. O "unix" é o padrão de pesquisa e o "linux" é a cadeia de substituição.

Por defeito, o comando sed substitui a primeira ocorrência do padrão em cada linha e não substitui a segunda, terceira... ocorrência na linha.

2   Substituindo a enésima ocorrência de um padrão em uma linha : Use os sinalizadores /1, /2 etc para substituir a primeira, segunda ocorrência de um padrão em uma linha. O comando abaixo substitui a segunda ocorrência da palavra "unix" por "linux" numa linha.

#sed 's/unix/linux/2' geekfile.txt

Saída:

unix é um ótimo sistema operativo. linux é opensource. unix é um sistema operativo livre.

aprender o sistema operativo.

unix linux qual deles escolher.

O unix é fácil de aprender. O linux é um sistema operativo multiutilizador.

3   Substituir todas as ocorrências do padrão numa linha: O sinalizador de substituição /g (substituição global) especifica o comando sed para substituir todas as ocorrências da cadeia de caracteres na linha.

#sed 's/unix/linux/g' geekfile.txt

Saída :

o linux é um ótimo sistema operativo. o linux é opensource. o linux é um sistema operativo livre.

aprender o sistema operativo.

linux linux qual deles escolher.

O linux é fácil de aprender.O linux é um sistema operativo multiutilizador.Aprender linux .O linux é um poderoso.

4   Substituindo da enésima ocorrência para todas as ocorrências numa linha : Use a combinação de /1, /2 etc e /g para substituir todos os padrões a partir da enésima ocorrência de um padrão numa linha. O seguinte comando sed substitui a terceira, quarta, quinta... palavra "unix" pela palavra "linux" numa linha.

#sed 's/unix/linux/3g' geekfile.txt

Saída:

unix é um ótimo sistema operativo. unix é opensource. linux é um sistema operativo livre.

aprender o sistema operativo.

unix linux qual deles escolher.

O unix é fácil de aprender.O unix é um sistema operativo multiutilizador.Aprender linux .O linux é um sistema operativo poderoso.

5   Imprime o primeiro caractere de cada palavra entre parênteses : Este exemplo sed imprime o primeiro carácter de cada palavra entre parênteses.

#echo "Welcome To The Geek Stuff" | sed 's/\(\b[A-Z]\)/\(\1\)/g'

Saída:

(W)elcome (T)o (T)he (G)eek (S)tuff

6   Substituir a string num número de linha específico: Pode restringir o comando sed para substituir a string num número de linha específico. Um exemplo é

#sed '3 s/unix/linux/' geekfile.txt

Saída:

unix é um ótimo sistema operativo. unix é opensource. unix é um sistema operativo livre.

aprender o sistema operativo.

linux linux qual deles escolher.

O unix é fácil de aprender.O unix é um sistema operativo multiutilizador.Aprender unix .O unix é um sistema operativo poderoso.

O comando sed acima substitui a string apenas na terceira linha.

7   Duplicar a linha substituída com a flag /p : O sinalizador de impressão /p imprime a linha substituída duas vezes no terminal. Se uma linha não tiver o padrão de pesquisa e não for substituída, então o /p imprime essa linha apenas uma vez.

#sed 's/unix/linux/p' geekfile.txt

Saída:

linux é um ótimo sistema operativo. unix é opensource. unix é um sistema operativo livre.

linux é um ótimo sistema operativo. unix é opensource. unix é um sistema operativo livre.

aprender o sistema operativo.

linux linux qual deles escolher.

linux linux qual deles escolher.

O linux é fácil de aprender.O unix é um sistema operativo multiutilizador.Aprender unix .O unix é um sistema operativo poderoso.

O linux é fácil de aprender.O unix é um sistema operativo multiutilizador.Aprender unix .O unix é um sistema operativo poderoso.

8   Imprimindo apenas as linhas substituídas : Use a opção -n junto com a bandeira de impressão /p para exibir apenas as linhas substituídas. Aqui a opção -n suprime as linhas duplicadas geradas pelo sinalizador /p e imprime as linhas substituídas apenas uma vez.

#sed -n 's/unix/linux/p' geekfile.txt

Saída:

linux é um ótimo sistema operativo. unix é opensource. unix é um sistema operativo livre.

linux linux qual deles escolher.

O linux é fácil de aprender.O unix é um sistema operativo multiutilizador.Aprender unix .O unix é um sistema operativo poderoso.

Se utilizar apenas -n sem /p, então o sed não imprime nada.

9   Substituir uma cadeia de caracteres num intervalo de linhas : Pode especificar um intervalo de números de linha para o comando sed para substituir uma cadeia de caracteres.

#sed '1,3 s/unix/linux/' geekfile.txt

Saída:

linux é um ótimo sistema operativo. unix é opensource. unix é um sistema operativo livre.

aprender o sistema operativo.

linux linux qual deles escolher.

O unix é fácil de aprender.O unix é um sistema operativo multiutilizador.Aprender unix .O unix é um sistema operativo poderoso.

Aqui o comando sed substitui as linhas com intervalo de 1 a 3. Outro exemplo é

#sed '2,$ s/unix/linux/' geekfile.txt

Saída:

unix é um ótimo sistema operativo. unix é opensource. unix é um sistema operativo livre.

aprender o sistema operativo.

linux linux qual deles escolher.

O linux é fácil de aprender.O unix é um sistema operativo multiutilizador.Aprender unix .O unix é um poderoso

Aqui $ indica a última linha do ficheiro. Assim, o comando sed substitui o texto da segunda linha até à última linha do ficheiro.

Eliminar linhas de um determinado ficheiro : O comando SED também pode ser utilizado para eliminar linhas de um determinado ficheiro. O comando SED é utilizado para executar a operação de eliminação sem sequer abrir o ficheiro

Exemplos:

1.   Para apagar uma linha específica, digamos n, neste exemplo

Sintaxe:- # sed 'nd' filename.txt

Exemplo:- #sed '5d' filename.txt

2.   Para apagar uma última linha

Sintaxe:- #sed '$d' filename.txt

3.   Para eliminar uma linha do intervalo x a y

Sintaxe:- #sed 'x,yd' filename.txt

Exemplo:- #sed '3,6d' filename.txt

4.   Para apagar da enésima à última linha

Sintaxe:- #sed 'nth,$d' filename.txt

Exemplo:- #sed '12,$d' filename.txt

5.   Para eliminar a linha de correspondência de padrões

Sintaxe:- #sed '/pattern/d' filename.txt

Exemplo:- #sed '/abc/d' filename.txt

4>Comando awk:- Awk é uma linguagem de scripting utilizada para manipular dados e gerar relatórios. A linguagem de programação do comando awk não requer compilação e permite ao utilizador utilizar variáveis, funções numéricas, funções de cadeia de caracteres e operadores lógicos.

O Awk é um utilitário que permite a um programador escrever programas pequenos mas eficazes sob a forma de instruções que definem padrões de texto que devem ser procurados em cada linha de um documento e a ação que deve ser tomada quando é encontrada uma correspondência numa linha. O Awk é maioritariamente utilizado para pesquisa e processamento de padrões. Procura um ou mais ficheiros para ver se contêm linhas que correspondam aos padrões especificados e, em seguida, executa as acções associadas.

Sintaxe:- *awk options 'selection _criteria {action }' input-file > output-file*

Opções:

-f program-file : Lê o código fonte do programa AWK a partir do arquivo program-file, em vez de a partir do primeiro argumento da linha de comando.

-F fs : Utilizar fs para o separador do campo de entrada

Exemplos de comandos

Exemplo:

Considere o seguinte ficheiro de texto como o ficheiro de entrada para todos os casos abaixo:

#cat > employee.txt

ajay gerente conta 45000

sunil escriturário conta 25000

varun gestor de vendas 50000

amit gerente conta 47000

tarun peão vendas 15000

deepak escriturário de vendas 23000

sunil peon sales 13000

diretor satvik compra 80000

1.   Comportamento padrão do Awk: Por defeito, o Awk imprime todas as linhas de dados do ficheiro especificado.

#awk '{print}' employee.txt

Saída:

ajay gerente conta 45000

sunil conta de escriturário 25000

varun gestor de vendas 50000

amit gerente conta 47000

tarun peão vendas 15000

deepak escriturário de vendas 23000

sunil peon sales 13000

diretor satvik compra 80000

No exemplo acima, não é dado qualquer padrão. Assim, as acções são aplicáveis a todas as linhas. A ação print sem qualquer argumento imprime a linha inteira por defeito, por isso imprime todas as linhas do ficheiro sem falhas.

2.   Imprime as linhas que correspondem ao padrão dado.

#awk '/manager/ {print}' employee.txt

Saída:

ajay gerente conta 45000

varun gestor de vendas 50000

amit gerente conta 47000

No exemplo acima, o comando awk imprime todas as linhas que correspondem ao 'manager'.

3.   Dividir uma linha em campos : Para cada registo, ou seja, linha, o comando awk divide o registo delimitado por um carácter de espaço em branco por defeito e armazena-o nas variáveis $n. Se a linha tiver 4 palavras, será armazenada em $1, $2, $3 e $4 respetivamente. Além disso, $0 representa a linha inteira. $awk '{imprimir $1,$4}' empregado.txt

Saída:

ajay 45000

sunil 25000

varun 50000

amit 47000

tarun 15000

deepak 23000

sunil 13000

satvik 80000

No exemplo acima, $1 e $4 representam os campos Nome e Salário, respetivamente.

Variáveis incorporadas no Awk:-

As variáveis incorporadas no Awk incluem as variáveis de campo - $1, $2, $3, e assim por diante ($0 é a linha inteira) - que dividem uma linha de texto em palavras individuais ou partes chamadas campos.

•   **NR: O** comando NR mantém uma contagem atual do número de registos de entrada. Lembre-se que os registos são normalmente linhas. O comando Awk executa as instruções de padrão/ação uma vez para cada registo de um ficheiro.

- **NF:** O comando NF mantém uma contagem do número de campos no registo de entrada atual.
- FS: O comando FS contém o carácter separador de campo que é utilizado para dividir os campos no
linha de entrada. A predefinição é "espaço em branco", ou seja, espaço e caracteres de tabulação. FS pode ser
reatribuído a outro carácter (normalmente em BEGIN) para alterar o separador de campo.
- **RS:** O comando RS armazena o carácter separador do registo atual. Uma vez que, por defeito, uma linha de
entrada é o registo de entrada, o carácter separador de registos por defeito é uma nova linha.
- **OFS:** O comando OFS armazena o separador de campo de saída, que separa os campos quando o Awk os
imprime. O padrão é um espaço em branco. Sempre que print tiver vários parâmetros separados por vírgulas, ele
imprimirá o valor de OFS entre cada parâmetro.
- **ORS:** O comando ORS armazena o separador de registos de saída, que separa as linhas de saída quando o
Awk as imprime. A predefinição é um caractere de nova linha. print automaticamente produz o conteúdo de
ORS no final do que quer que seja dado para imprimir.

Exemplos:

Utilização de variáveis incorporadas NR (exibir número de linha)

#awk '{print NR,$0}' employee.txt

Saída:

1   ajay gerente conta 45000
2   sunil conta de escriturário 25000
3   varun gestor de vendas 50000
4   amit gerente conta 47000
5   tarun peão vendas 15000
6   deepak escriturário de vendas 23000
7   sunil peon sales 13000
8   diretor satvik compra 80000

No exemplo acima, o comando awk com NR imprime todas as linhas juntamente com o número da linha.

Utilização de variáveis internas da NF (Exibir último campo)

#awk '{print $1,$NF}' employee.txt

Saída:

ajay 45000
sunil 25000
varun 50000
amit 47000
tarun 15000
deepak 23000
sunil 13000
satvik 80000

No exemplo acima, $1 representa Nome e $NF representa Salário. Podemos obter o salário utilizando $NF , em
que $NF representa o último campo.

Outra utilização das variáveis incorporadas NR (Linha de visualização de 3 a 6)

#awk 'NR==3, NR==6 {print NR,$0}' employee.txt

Saída:

3   varun gestor de vendas 50000
4   amit gerente conta 47000
5   tarun peão vendas 15000
6   deepak escriturário de vendas 23000

5>Comando Cut:- O comando cut no UNIX é um comando para cortar as secções de cada linha dos ficheiros e
escrever o resultado na saída padrão. Pode ser utilizado para cortar partes de uma linha por posição de byte,
carácter e campo. Basicamente, o comando cut corta uma linha e extrai o texto. É necessário especificar a opção
com o comando, caso contrário dá erro. Se for fornecido mais do que um nome de ficheiro, os dados de cada
ficheiro não são precedidos pelo respetivo nome de ficheiro.

Sintaxe:- *cut OPTION... [FILE]...*

Consideremos dois ficheiros com o nome state.txt e capital.txt que contêm 5 nomes de estados e capitais
indianos, respetivamente.

#cat estado.txt

Andhra Pradesh

Pradesh do Arunachal
Assam
Bihar
Chhattisgarh
Sem qualquer opção especificada, apresenta um erro.
#cut state.txt
cut: é necessário especificar uma lista de bytes, caracteres ou campos
Experimente 'cut --help' para obter mais informações.
Opções e sua descrição com exemplos:
1.   -b(byte): Para extrair os bytes específicos, é necessário seguir a opção -b com a lista de números de bytes separados por vírgula. O intervalo de bytes também pode ser especificado usando o hífen (-). É necessário especificar a lista de números de bytes, caso contrário dá erro. Os separadores e os espaços invertidos são tratados como um carácter de 1 byte.
Lista sem intervalos
#cut -b 1,2,3 estado.txt
E
Aru
Ass
Bih
Chh
Lista com intervalos
#cut -b 1-3,5-7 estado.txt
Andra
Aruach
Assm
Bihr
Chhtti
Utiliza uma forma especial para selecionar bytes desde o início até ao fim da linha:
Neste caso, 1- indica do 1º byte ao byte final de uma linha.
#cut -b 1- estado.txt
Andhra Pradesh
Pradesh do Arunachal
Assam
Bihar
Chhattisgarh
Neste caso, -3 indica do 1º byte ao 3º byte de uma linha.
#cut -b -3 estado.txt
E
Aru
Ass
Bih
Chh
2.   -c (coluna): Para cortar por carácter, utilize a opção -c. Isto selecciona os caracteres dados à opção -c. Pode ser uma lista de números separados por vírgula ou um intervalo de números separados por hífen (-). Os separadores e os espaços invertidos são tratados como um carácter. É necessário especificar a lista de números de caracteres, caso contrário dá erro com esta opção.
Sintaxe:- #cut -c [(k)-(n)/(k),(n)/(n)] nome do ficheiro
Aqui, k indica a posição inicial do carácter e n indica a posição final do carácter em cada linha, se k e n estiverem separados por "-", caso contrário são apenas a posição do carácter em cada linha do ficheiro tomado como entrada.
#cut -c 2,5,7 estado.txt
nr
rah
sm
ir

hti

O comando cut acima imprime o segundo, quinto e sétimo caracteres de cada linha do ficheiro.

#cut -c 1-7 state.txt

Andhra

Arunach

Assam

Bihar

Chhatti

O comando cut acima imprime os primeiros sete caracteres de cada linha do ficheiro.

O Cut utiliza uma forma especial para selecionar caracteres desde o início até ao fim da linha:

#cut -c 1- estado.txt

Andhra Pradesh

Pradesh do Arunachal

Assam

Bihar

Chhattisgarh

O comando acima imprime a partir do primeiro carácter até ao fim. Aqui, no comando, apenas é especificada a posição inicial e a posição final é omitida.

#cut -c -5 estado.txt

Andhr

Aruna

Assam

Bihar

Chhat

O comando acima imprime a posição inicial até ao quinto carácter. Aqui a posição inicial
é omitido e a posição final é especificada.

3.   **-f (campo): -A opção -c é útil para linhas de comprimento fixo. A maioria dos ficheiros unix não tem linhas de comprimento fixo. Para extrair a informação útil, é necessário cortar por campos em vez de colunas. A lista do número de campos especificados deve ser separada por vírgula. Os intervalos não são descritos com a opção -f. cut usa tab como delimitador de campos por defeito mas também pode trabalhar com outro delimitador usando a opção - d.**

Nota: O espaço não é considerado um delimitador no UNIX.

Sintaxe:- #cut -d "delimitador" -f (número do campo) file.txt

Tal como no ficheiro state.txt, os campos são separados por espaço se a opção -d não for utilizada, então imprime a linha inteira: **#cut -f 1 state.txt** Andhra Pradesh

Pradesh do Arunachal

Assam

Bihar

Chhattisgarh

Se for utilizada a opção -d, é considerado o espaço como separador ou delimitador de campos:

#cut -d " " -f 1 estado.txt

Andhra

Arunachal

Assam

Bihar

Chhattisgarh

O comando imprime o campo do primeiro ao quarto de cada linha do ficheiro.

Comando:

#cut -d " " -f 1-4 estado.txt

Saída:

Andhra Pradesh

Pradesh do Arunachal

Assam

Bihar

Chhattisgarh

4.   -complementar: Como o nome sugere, complementa a saída. Esta opção pode ser usada em combinação com outras opções, seja com -f ou com -c.
#cut --complement -d " " -f 1 estado.txt
Pradesh
Pradesh
Assam
Bihar
Chhattisgarh
#cut --complement -c 5 state.txt
Andha Pradesh
Pradesh de Arunchal
Assa
Biha
Chhattisgarh

5.   -output-delimiter (delimitador de saída): Por defeito, o delimitador de saída é igual ao delimitador de entrada que especificamos no corte com a opção -d. Para alterar o delimitador de saída use a opção -output- delimiter="delimiter".
#cut -d " " -f 1,2 state.txt --output-delimiter='%'
Andhra%Pradesh
Arunachal%Pradesh
Assam
Bihar
Chhattisgarh
Aqui o comando cut altera o delimitador (%) na saída padrão entre os campos que são especificados usando a opção -f .

6.   -versão: Esta opção é usada para mostrar a versão do cut que está a correr atualmente no seu sistema.
#cut --versão
cut (GNU coreutils) 8.26
Empacotado pelo Cygwin (8.26-2)
Copyright (C) 2016 Free Software Foundation, Inc.
Licença GPLv3+: GNU GPL versão 3 ou posterior.
Este é um software livre: é livre de o alterar e redistribuir.
Não existe qualquer garantia, na medida do permitido por lei.
Escrito por David M. Ihnat, David MacKenzie e Jim Meyering.

Referências sugeridas

1. A linha de comando do Linux, William shots, 2ª edição, Nenhuma publicação da Strach Press 2019
2. Beginning Linux Programming, N. Matthew, R. Stones, Wrox, 4ª edição, Wiley India Edition.
3. Conceitos e aplicações UNIX, Sumitabha Das, 4.ª edição, publicação Tata McHill 2017.
4. Linux Bible Christopher Negus, Christine Bresnahan, 10ª edição, publicação Wiley 2020.

Printed by Books on Demand GmbH, Norderstedt / Germany